启笛

程莹 张丽方 著

非洲折叠

日常生活的文化政治

Africa

Cultural Politics of Everyday Life

Unfolding

北京大学出版社
PEKING UNIVERSITY PRESS

目录

序言　遥远的共振　/ 1

第一部分　远方的日常

1 隔离的历史与当下　/ 003

2 给曼德拉写信的人　/ 022

3 暴力、食物与被裹挟的"穷人"　/ 041

4 马坎达的幽灵　/ 060

第二部分　流动的异乡

5 中国编织袋与全球南方的跨国流动　/ 083

6 超越"金合欢"与"狮子王"　/ 124

7 非洲文学离我们有多远? / 138

8 中非关系的"小叙事" / 157

第三部分　非洲折叠

9 "谁能代表非洲艺术?" / 183

10 何谓当代? / 197

11 这里没有沉默 / 215

12 非洲科幻不是舶来品 / 234

尾　声 / 247

序言　遥远的共振

2005 年，我从一个山东小城来北京读大学。进入中文系学习实属一种偶然，却是我始终庆幸的选择。在中文系遇到的老师们，几乎从不干涉甚至总是热情鼓励我们自由而芜杂地探索。这份可贵的宽容给了我一个通过文学走向更广阔世界的契机。

我对大学时光最深刻的记忆之一，便是课下（或干脆逃课）与三五好友一起去北京大大小小的剧场里看话剧。许多剧目的名字都已经模糊，但深夜散场后，和好友们一路狂奔去赶最后一班地铁、气喘吁吁望向彼此的样子还历历在目。在本科期间的外国文学课上，我第一次听到非洲作家的名字。也许因为当时对戏剧那种懵懂的痴迷，尼日利亚戏剧家沃莱·索因卡（Wole Soyinka）的名字深深地印在了我的脑海之中。只是那时的我并没

非洲折叠

想到,接下来的几年里,我不仅见到了索因卡本人、去了他的故乡、参与邀请他来中国演讲,还成为索因卡研究专家和当代最重要的非洲文学批评家之一拜尔顿·杰依夫(Biodun Jeyifo)教授的学生。

2010年,杰依夫教授受我的硕士导师魏丽明老师的邀请来中国开展讲学活动,我有幸成为他的学生助理和翻译。得知他的朋友们都叫他"BJ",我们就都称他为"BJ老师"。在去内蒙古开会的大巴上、去福建和浙江演讲的火车和飞机上,BJ老师总是热情地与我分享他对当代非洲和中国的观察。我时常讶异于这位尼日利亚学者对中国的了解,他对中国的地方传统戏剧、《毛泽东选集》、鲁迅的作品都能信手拈来。与BJ老师的相遇,让我感受到了自己在知识结构和学术视野上的巨大短板,这是后来我坚定地将非洲作为自己研究方向的重要原因。

只不过十年前作出这个选择的时候,我周围几乎所有的人都感到不解。朋友们和长辈们在得知我的专业方向时甚至会不假思索地问:"非洲?非洲真的有文学吗?"

序言　遥远的共振

周围人对这片大陆表现出的那种朴素的漠视，让我从心底感到失落。我还记得自己曾兴冲冲地跑到图书馆，找到了当时架子上唯一一本索因卡剧作的中文译本，却发现我们的出版社竟连作家的国籍都搞错了。但幸运的是，作为中国非洲文学研究和学科建设的"启蒙者"之一，BJ 老师对非洲文化和思想的讲述总是能显示出他特有的知识底蕴和关怀。比如，他经常将我更加熟悉的亚洲戏剧文化拉入有关非洲戏剧的对话，作为一种参照来帮我建构起有关非洲的知识。这样的教授和讨论方式深深吸引了我，也提醒着我，只有当我们与看似遥远的他者深刻相关时，才更加理解远方、理解自身。

2012 年，我前往伦敦大学亚非学院非洲语言文化系攻读博士学位。当时系里除了英国学生，还有来自德国、美国、意大利等不同国家的国际学生。作为当时系里唯一的中国博士生，在不同的课堂和讨论组上自我介绍时，大家几乎都会问我同一个问题：为什么一个中国人，选择研究非洲尤其是将尼日利亚作为自己的博士题目？那时候，我总会非常干脆地立马反问："Why not？"（为什么不行呢？）

我这么回答，大概是本能地在心里怄气：为什么

非洲折叠

我同年级的欧美同学研究非洲,就不会被问同样的问题?难道他们就具有一种"天然的合法性"?

转眼距离我博士入学已经有十年的时间了。不久前,跟伦敦大学亚非学院的一位老师联系时,他告诉我,他最近开设的一门非洲语言课程上,所有选课同学竟然都是中国人。显然,去亚非学院留学的中国同学早已不会再被问及"为何选择研究非洲"这类问题。因为就在过去几年里,"中国与非洲"已经成为国际关系学界最热门的话题之一,大家开始默认中国年轻学者关注和研究非洲的合理性。这门课程上小小的变化其实从侧面说明了非洲在国际地缘政治和经济格局中的重要性越来越清晰;作为西方之外的一个"另类的他者",非洲已经更多地进入了中国人的视野。

今天我们去非洲调研,经常能在不同城市边缘地带的街边小卖部门口看到中国手机厂商的广告。而在国内情况其实也很类似,大大小小的咖啡厅里,埃塞俄比亚或者肯尼亚的咖啡豆也成为颇受欢迎的选择。然而,与越来越密集的交集并不匹配的,是现实中我们对非洲人与非洲社会的理解和认知方式还远远滞后于我们出现在彼此生活世界里的频率。

序言　遥远的共振

举一个简单的例子，2021年10月，诺贝尔文学奖评委会宣布73岁的坦桑尼亚小说家阿卜杜勒拉扎克·古尔纳（Abdulrazak Gurnah）获奖。对于中国的传媒和文化界来说，这是一个绝对冷门的人名。人们搜遍中文互联网，发现他的作品仅有两篇短篇小说被译为中文，收录在译林出版社出版的《非洲短篇小说选集》中。和之前许多的获奖者不同，中文研究界极少有学者专门从事古尔纳的研究，甚至很少有人听过他的名字。从诺贝尔文学奖开始，2021年的许多国际文学奖项都陆续颁给了非洲作家——南非作家戴蒙·加尔古特（Damon Galgut）凭借作品《诺言》获得英语世界最重要的文学奖项之一布克奖，塞内加尔作家穆罕默德·姆布加尔·萨尔（Mohamed Mbougar Sarr）凭借小说《男人们最秘密的记忆》获得2021年法国龚古尔文学奖，同年，莫桑比克作家宝林娜·奇齐安（Paulina Chiziane）获得卡蒙斯葡语文学奖，随后塞内加尔作家布巴卡尔·鲍里斯·迪奥普（Boubacar Boris Diop）也获得了美国纽斯塔特国际文学奖……而在许多国人的印象中，非洲还是一片文化的荒漠。还记得古尔纳获诺奖的那晚，一位经常参与文化报道的朋友感叹道："这大概是全国文化记者'找不到人'的一天。"

非洲折叠

这种越来越频繁的交往与知识结构上的严重缺失提醒我们，一方面，非洲已经以许多种政治、经济和社会形式进入我们生活的世界；另一方面，我们对于非洲的理解和想象，却始终是模糊又困难的。过去几年里我在北大开设本科生的非洲文化公选课，每学期开始都会先做一个调研，邀请大家思考他们有关非洲的知识，以及这些知识从何而来：中学地理课本和旅行社图册上的动物大迁徙，新闻媒体中有关内乱、恐怖分子和疫病的报道，好莱坞电影里穿着草裙的部族人或者困于饥荒的瘦弱儿童……这些关键词似乎一直排在中国学生对非印象的前列。当我问起同学们为什么要选这门课，也时常听到这样的回答：去非洲做动物保护志愿者、参加艾滋病和救助女性的 NGO 组织，或者参与帮助当地脱贫的发展项目，等等。我当然无意否定同学们对这片大陆的好奇和善意，但会为这些答案背后显现出的思维定式感到一丝忧虑，那就是在这些关切背后，非洲似乎永远都只能作为落后的、"被援助的"对象而出现。

这些成见限制了我们对他人生命的想象和理解，也让我们无法真正与他人的生活世界相互体认。作为一个非洲文化的研究者，我时常希望能够与僵硬的意识形态立场保持距离，试着走出宏大的政治经济与国际关系框架，在日复一日的生活经验里、在跨越历史的文化与艺术文本中，勾连起彼此之间相互联结的脉络和图景。这本文集是我们作为普通的个体与非洲相遇的一种行程记录，或许比记录更重要的，是检视自己从"我"走向"他人"的心情领受。就像走遍拉美的索飒老师曾经说过的，"这一份心情的领受是比人类学、民族学理论深造、技能训练更宝贵的资源"[1]。

远方与附近的日常

在伦敦求学的第一年，我其实遇到了前所未有的挑战。每天都在图书馆翻来覆去地琢磨非洲戏剧及戏剧理论相关的研究计划，第一个学期过后，我懊恼地发现，自己似乎并没有任何让人满意的长进。我的指导委员会中曾经有一位十分严厉的老师。每次和这位老师谈话，她都会向我抛出许多个理论问题。我自然是经常回答不上来，刚刚要建立起的自信难免被彻底击溃。冬天的伦敦十分阴郁，有时候才下午四点天就快黑了。我记得有一次从老师的办公室里走出来，我的情绪陷入了谷

---

[1] 索飒：《认识他者与读懂世界的途径》，《读书》，2020年第5期。

非洲折叠

底,也对自己曾经热切的选择产生了深深的怀疑。和诸多一起求学的欧美同学相比,我从来没有以一种完全自洽的方式参与过课堂上的理论讨论。有一次讨论会上,我记得这位导师回忆起她的求学生涯,她说晚上睡前读到涂尔干、福柯、阿甘本、德勒兹、哈贝马斯等许多学者的著述会兴奋到睡不着,我的同窗们纷纷点头赞同,各自激动地分享着这些名字如何曾在某一个时期对他们产生过"深入骨血"的影响。望着同窗们讨论理论时的那种特别热烈的场景,我忍不住又要问,这些让我感到疏远的讨论,和我生命的关联在哪里呢?

然而在我带着紧张和不安第一次在地理意义上踏进非洲时,这份游移不定与格格不入的心情似乎才得到了些许缓解。

包括学者在内的外国旅行者的目光总是容易被"异域风情"吸引。我在尼日利亚的街头感到的,却是一种莫名的亲切与熟悉。一位曾与我同行的英国同学不止一次地向我抱怨,说尼日利亚的种种混乱场景——无休止的堵车、随时随地的停电、糟糕的网络信号、因为公共厕所的缺失在街角大小便的路人——时常令他感到一种深深的冒犯。他总是期待着田野调查的结束,赶紧离开

序言　遥远的共振

这个完全没有什么秩序感的地方。可我似乎被拉各斯这个城市隐隐之中的"失序感"所牵引着。在不期而遇的日常中,我试着一点点把握这个城市的脉搏:我特别喜欢清晨出门时,在路边仔细地观察一辆辆擦身而过的小巴车,看车身上用不同语言书写的各种标语和海报,透过这样的细节理解拉各斯人的信仰与渴望;堵车的时候,我会和司机一起听广播、聊天,听人们给电台主播打电话吐槽社会新闻和打工人的苦衷,几个小时的路途也不再那么漫长;我还经常去住处附近找一位裁缝阿姨家的女儿聊天,她喜欢跟我分享她在尼日利亚的职校生活,还有她和同学们经常看的电影、电视剧,有段时间她痴迷韩剧和拉美的电视剧,和她一起遛弯时她总不自觉地唱起韩剧里的主题曲。神奇的是,这些非常琐碎的日常生活细节有时将我带回到我出生长大的山东小镇,有时又与18岁离家远行到北京上大学时的记忆产生一些奇妙的呼应。

这种不期而遇,还领着我走向了博士项目的研究对象———一群生活在边缘社群巴里加的尼日利亚青年。在我遇见他们的时候,他们几乎都是我的同龄人。但与时常纠结于语言考试、学分绩点、发表论文和毕业找工作的我相比,他们的生活似乎迥然不同。这个贫民窟里

非洲折叠

经常帮我改衣服的裁缝阿姨和她的女儿,程莹摄影

堵车时就索性下车在路边买个玉米,奥卢沃·卜萨约(Oluwo Busayo)摄影

的剧团有一个不成文的规定，加入剧团的唯一要求，就是连续 7 天、每天早上 7 点之前来参加排练。两个星期以后，就自动成为剧团一员。因为他们租不起特定的场地，演出地点经常要东挪西借、换来换去，我也跟着他们去了许多拉各斯不为人知的街区。这些朋友在拉各斯的日常轨迹，也成为我认识尼日利亚的知识地图。也正是与他们相遇并共同感受深邃现实的过程，让我开始重新审视自己，突破对狭小的自我的认知。

2018 年 6 月——那还是新冠病毒感染疫情暴发以前的世界，我回到拉各斯大学开会。和往常一样，在每天会议开始之前，我都去离大学不远的巴里加看青年剧团的排练。有一天排练结束，我打了一辆奥卡达（okada，当地流行的摩的）赶往会场，却被剧团的两个成员卜萨约（Busayo）和太依沃（Taiwo）追了上来。他们把一个黑色的塑料袋塞进了我的书包，说是太依沃的母亲让我一定带上。我回头向不远处的老人使劲儿招招手，就火急火燎地赶往会场了。等我到了开会的教室，打开书包就看见了一大兜青橘。

我知道这位老人可能在路边摆摊一天也收入无几。就是许多个这样渺小的瞬间提醒着我，拉各斯这个

非洲折叠

众人眼里臭名昭著的狂野之地、以暴力和骗子闻名的地方，也总有慷慨与温情。在后来的许多次闲聊中，太依沃的母亲给我讲了他们家从另一个城市来到拉各斯的经历，因为住不起更昂贵的地方，他们几十年前就在潟湖旁边通过填埋垃圾和砂石盖房子，这也是他们街区许多人共有的经历；她也多次和我分享她对儿子从事非正式剧团工作的矛盾情感——她为儿子的执着骄傲，也为他朝不保夕、看不到明天的生活而揪心。正是这些平凡的陌生人和他们蕴含着巨大能量的生活本身，连接起我和我的演员朋友，还有他们的家人。

在过去的许多年里，这些街头的相遇给予了我在英国的大学系统内无法理解的社会知识和情感体验。在我因为被冰冷的理论拒斥、感到怯懦的时候，是普通人的生命经验和生活现实重新拥抱了我。对于普通人来说，日常生活的细节本身就是政治、经济和文化，是理解问题的途径，是理论与方法的土壤。这些经验提醒我在写作中、在课堂上，诚恳地保留而不是背离个体成长的印迹，并思考这些经验与际遇所带来的兴奋与纠结，去捕捉、呈现和讲述现有的学术话语和理论框架无法抵达的地方。

序言　遥远的共振

重新拥抱日常，也不断赋予我作为一名研究者的"成长时刻"。毕业回国工作的一次讲座过后，有一位同学提了一个令我印象深刻的问题。大概的意思是说，最初是什么契机吸引我走向这群尼日利亚青年？当我今天再回看几年前的博士研究，有没有发现什么缺憾？

这个问题把我带回了第一次到达尼日利亚的时候。如果说最初进入田野时，我作为单身大龄无业的女博士，能够与许多非洲青年"岌岌可危"的、过渡阶段的生命状态迅速产生共鸣；那么现在我已经有了一份工作，走进了婚姻家庭，有了自己的女儿。这种自身生命经验的变化让我重新审视自己的研究时，有了新的问题意识和关怀。我意识到自己之前在博士阶段对非洲戏剧实践的研究中，严重缺少了对女性演员和女性创作者的声音的书写。

于是，我重新翻看曾经的田野资料，发现了这样一张照片。那是我去参加剧团排演时随手拍的排练室场景。我看见一位女演员的怀中抱着一个不到两岁的小孩儿。那个瞬间我一下子意识到，我没能够在博士论文中将这些女性戏剧演员的故事记录下来，并不是她们不存在或者在剧团中的角色不重要，而是因为她们总是行色

非洲折叠

我与在剧团中结识的好友,奥卢沃·卜萨约摄影

排练室的清晨,正在排练的女演员将孩子交给另一位暂时不用上场的女演员,程莹摄影

匆匆,在每天的排练和演出结束之后就不得不赶紧离开,去照顾家庭和孩子。也正是因为成为母亲的这种自身经验的变化,让我重新看见她们和她们对生活意义的塑造。"为什么在非洲的视觉和表演艺术史上,女性艺术家的创作似乎被'匿名性'地掩盖,女性的声音好像总是缺失的?"从这里重新出发,我开启了一个新的与非洲女性艺术家相关的研究课题。

这样一些远方与附近的日常提醒我,研究是从我走向他人也从他人走向自我的过程。或许研究,本来就该是一种"双向奔赴"。

"庆典的回归",现代的传统

在课上课下与不同的人群分享我对非洲文化和艺术的理解时,我被问及最多的一个问题是:非洲真的如你所言如此现代和多元吗?为什么你关注的这些文化和艺术现象与我们通常所看到的那个原始神秘的大陆不太一样?这些是不是你一厢情愿地为非洲加上的浪漫滤镜?

非洲折叠

非洲远不是一个只有红色夕阳笼罩、建立在稀树草原上的乌托邦世界。对非洲文化和艺术的理解，也并不必停留在神秘和原始的概念之上。在了解非洲文学和艺术的时候，我学到的一件非常重要的事情，便是愿意像我在非洲遇到的当代作家和艺术家一样，回到本土的经验论、立足正在发生的社会现实去理解文化与艺术实践活动自身。

在著名作家阿契贝的《非洲的污名》中收录了一篇叫作《庆典的回归》的文章，他讲述了伊博族（Igbo）文化中象征着艺术殿堂的姆巴里（Mbari）神庙的故事。姆巴里神庙的逻辑集中体现了伊博人如何理解艺术与传统和现实生活的关系：

> 姆巴里神庙拓展了场景，使其拥有了超越纪念赐福或喜事的意义，从容地涵盖了其他体验——的确如此，人一生中所有重要的经历，尤其是那些新的、异乎寻常的，因而有潜在危险的经历……例如，骄横跋扈的地区殖民长官出现时，姆巴里艺术神庙的设计师会为他们腾出一个位置，并给塑像配上尖头盔和烟斗。有时会为他们的火车、自行车和土著勤务

序言　遥远的共振

兵腾出地方。[1]

表面看来，姆巴里神庙似乎意味着一种不假思索和批判的"崇拜"，因为他们竟会为犯下入侵罪行的殖民长官塑像！然而这种理解实际上体现了一种认识论上的傲慢和褊狭。

我们过去对于非洲宗教文化和艺术的认知多从西方学者那里获得。在过去很长一段时间里，非洲的艺术与文化都被西方认识论贴上"原始"和"拜物"的标签，以区分于西方自身标榜"理性"与"进步"的文化。熟读殖民历史便不难发现，这种对待差异的方式实际上是为了对自我与他者进行一种等级化的排序，将非洲置于人类线性发展时间轴的末端，从而为殖民事业提供一种"使命感"与合法性。钦努阿·阿契贝（Chinua Achebe）从伊博族经验论出发对姆巴里神庙的阐释，具有极其动人的力量：

> 在伊博人看来，艺术的功能之一就是提供一种驯化野性的方式，它就像避雷针一样，

---

[1] 〔尼日利亚〕钦努阿·阿契贝，《非洲的污名》，张春美译，南海出版公司，2014年，第124—125页。

非洲折叠

> 捕捉具有破坏性的电能,将其导入地面以避免电击造成的破坏。因为他们认为,任何遭到无视和诋毁,不被承认和赞美的存在都会变成焦虑与分裂的中心。对他们而言,庆典是对存在的承认,而非欣然接受。这是每个人都该得到的礼遇。[1]

这位扎根于伊博族知识传统和当代生活图景的作家告诉我们,传统文化和信仰中流传下来的"姆巴里庆典"并不意味着人们对一个完美世界的盲目崇拜,更不是将所有的物质经验和遭遇进行"拜物教式"的处理。它是普通人对他们在现实及想象中所感知到的世界的一种"承认"。当生活的稳定性被不断打乱,我们所有人都在试图通过各种方式重组生活的秩序。伊博人回归仪式与庆典的目的,不是被动地臣服于超然力量或者欺骗神明,而是在艺术表达与创作合作中反复操练理解现实的能力。不断地修建和雕刻姆巴里神庙,不是在机械无知地重复传统,而是人们为了认识世界和自我、主动地叩问那扇同时朝向过去与未来的大门。这种对于传统庆

---

[1] 〔尼日利亚〕钦努阿·阿契贝,《非洲的污名》,张春美译,南海出版公司,2014年,第124—125页。

典的回溯,某种意义上何尝不是一种极其具有现代意味的行动!

阿契贝对姆巴里神庙的阐释也映照着他的写作路径和他对文学和艺术的理解。通过写作讲述伊博人,包括他们与外部世界互动的生命故事,阿契贝用文字为姆巴里神庙筑起另一种看不见的雕像。许多当代非洲作家和艺术家的创作也可以看作是一种类似的"重塑雕像"的过程。作为有幸在这片大陆上穿行和生活的文化研究者,我们总是很容易被这样的过程吸引。因为这些从社会历史与现实经验向文学艺术形式转变的时刻是非同寻常的,这一过程伴生着非洲的"街头政治哲学和经验论"[1],其定义并不依附于外部世界既有的政治或哲学框架,而是体现了特定时刻普通人对世界的理解和对现实的回应。

这些故事本身也具有重要的认识论启示性,关系到今天我们在理解世界和我们自身时应该如何对待差

---

[1] Newell, Stephanie, and Onookome Okome. 2013. "Introduction: Popular culture in Africa: The episteme of the everyday." In *Popular Culture in Africa: The Episteme of the Everyday,* edited by Stephanie Newell and Onookome Okome. London: Routledge, 2013, p.13.

异。面对不同的文化与社会,我们不能单纯以社会经济的发展和"现代化"指标为唯一标准建立一种认知"秩序"。在理解相似性与差异的时候,只有从"雕像"传统本身入手,追寻其背后的深层历史与当下经验,突破固守的姿态和民族主义的自我认同,才能真正抵达自我与他者的相关性。就像人类学家拉比诺在他的北非田野笔记中所告诉我们的那样,"没有所谓的'原始人',只有其他的人群,过着别样的生活"[1]。学者和被他们称作"他者"的研究对象一样,都限于自己编织的"意义之网"。

这本小书中,我真诚地希望我们能够从这些非洲人讲述的故事出发,穿行于彼此的"意义之网"。这些故事为我们提供了许多种理解非洲的线索,带领我们走近普通社会群体的日常,走向他们最急迫的关注、最当下的挣扎,走向他们的生活方式、情感结构与价值观念,以及他们如何面对自身所处的社会剧变。

这些普通人的日常生活和他们丰富的文化与艺术

---

[1] 〔美国〕保罗·拉比诺(Paul Rabinow):《摩洛哥田野作业反思》,高丙中、康敏译,商务印书馆,2008年,第144页。

表达，让我们得以有机会走出外来游客旅游观光的经典路线，看到在非洲城市中复杂的时空分隔，以及人、物与思想在不同时空之间的折叠翻转。就像科幻小说《北京折叠》中主人公所感受的那样，有时候我们觉得自己似乎接近了这世界的模样，可"那轮廓太远……遥不可及"[1]。非洲是一片如此复杂和多样的大陆，我们深知自己步履和视野的局限性。在尼日利亚、南非、肯尼亚、津巴布韦等不同地方旅居或者短暂停留的日子里，我们试着打开自我用力生活，也在现实与想象之间小心地穿行，摸索更多相遇和抵达的方式。

非洲作为未来：疫情下的省思

著名的建筑学家雷姆·库哈斯（Rem Koolhaas）曾经把看似混乱无序的拉各斯比作研究人类未来城市的样本。他的这种说法在城市研究领域引起很大的轰动。尽管库哈斯本人在拉各斯的研究路径在学界尚存争议，但这种说法之所以引起一片哗然，部分是因为人们过于习

---

[1] 郝景芳：《北京折叠》，收录于《孤独深处》，江苏凤凰文艺出版社，2016年，第30页。

非洲折叠

惯把非洲看作是过去的、古老的,很难想象它与未来的关联。

其实,急速扩张的城市化过程中所带来的城乡流动、阶层隔阂和底层社群的生存等至关重要的问题正越来越多地出现在像伦敦、巴黎、芝加哥、北京和上海这样的大都市。这也从一个侧面印证了南非人类学家科马罗夫夫妇(Jean Comaroff & John Comaroff)在《来自南方的理论》(*Theories from the South*)这本著作中的一个重要观点:"不是非洲正在追赶欧美,在许多层面上,全世界都正在成为非洲。"第一次读到这本书的时候,我也对这个观点感到些许困惑。可最近再次翻开它的时候,竟有了不同的感触。

从 2020 年年初开始,我与本书的另一位作者丽方相继在非洲停留与生活,观察和记录"危机中的"非洲社会。本书中收录的文章,大多都写作于过去的这段时间。当 2020 年 7 月,我经历南非长达数月的封控,带着不到 10 个月大的女儿从疫情中的约翰内斯堡出发,经过长达几十个小时的长途飞行外加数周的酒店隔离,然后回到北京的家中时,并没有想到疫情将在未来很长一段时间内持续地改变我们的生活。我们不时地被困在

序言　遥远的共振

原地、陷入无尽的等待——等待流动的恢复，等待"正常的"生活，等待一种看似遥遥无期的终结。这样的生活节奏不断地反复，直到所有的期待变成疲惫和倦怠。

不能去往非洲的日子里，每每看到我所关注的国内舞团和表演团体因为疫情封控而解散的消息，我都会忍不住给拉各斯那些剧团的演员朋友们打电话，询问他们的现状。尼日利亚朋友们对疫情的回应总是显得非常"淡定"："和我每天醒来就要面对的困境相比，疫情恐怕只是很小的一部分。"

的确是这样，从十年前我开始跟随他们调研时就知道，他们中几乎所有人每天都要为自己当日的食物发愁、为交不上房租就快被赶出来发愁、为找不到这个星期或者这个月的演出机会发愁。可就在这种巨大的不确定中，他们坚持着数十年如一日的排练，这种排练几乎成为一种他们本能的身体仪式。十年来，我从他们的坚守中获得了一种比更常见的学术话语和概念（比如自我赋权、能动性、"残酷的乐观"，等等）更持久也更复杂的力量。

仔细地回想他们的话，我似乎更加理解什么是非

非洲折叠

洲研究学者们在书中所写的"危机作为常态"(crisis as norm)的社会,什么是非洲青年人群所面临的永无止境的"等待"(waithood)。当我自身也被一种巨大的不确定所笼罩时,才真正开始理解这些关键词的重量。

在一种"非常态成为常态"的生活中,从拉各斯到马坎达(Makhanda),从约翰斯堡再到北京,我们的身体似乎与那些我们笔下的非洲年轻人又一次产生了遥远的"共振"。或许正是因为这种共振的感召,让我们也想要成为像他们一样的、坚持讲故事的人。

程莹

2022年2月,北京

第一部分

远方的日常

1
隔离的历史与当下

/ 程莹 /

2020年寒假伊始,我从北京出发飞抵南非约翰内斯堡探亲,并希望借假期完成有关南非视觉和表演艺术的田野调研。几个月已经过去,没想到因为疫情的全球蔓延,我还滞留在这里。作为非洲最国际化的城市之一的约翰内斯堡也因为新冠病毒感染疫情,发生了巨大的变化。

春节前后,南非尚未有确诊的新冠肺炎的相关病例报道。因为国内疫情紧张,周围许多中国企业和华人都在四处募集医疗物资包机发往中国。记得当时已经有学者提醒华人社群不要过度采购医疗物资,因为非洲的公共医疗体系十分脆弱,一旦疫情在这片大陆

非洲折叠

蔓延，后果将不堪设想。短短一个月之后，非洲大陆40多国发现"新冠"病例。南非的第一例病例3月5日确诊，然后在三周左右的时间迅速上升至700例。与意大利等老龄化社会不同，非洲的年龄结构普遍更为年轻化，但更大的挑战在于许多国家有免疫系统疾病的人群基数较大。以南非为例，全国有至少700万人感染艾滋病，每年还有至少50万肺结核新增病例。受基础设施所限，大部分非洲国家并不具备对民众进行大范围检测的能力。这也是为什么截至目前，尼日利亚、刚果（金）等几个非洲国家本地病例报道中以政府部门的高管人员为主。人们普遍认为，非洲媒体公开的确诊感染数字可能并不具备很高的参考价值。

从20世纪70年代开始不间断影响非洲多个地区的霍乱，到2014年在西非大面积暴发的埃博拉，大规模的瘟疫一直是当代非洲国家面临的巨大危机，在全球公共意识层面却鲜有关注。正如许多学者指出的那样，病毒本身不能辨识国籍、身份和阶层，但每一次瘟疫的爆发都带有强烈的等级色彩，进一步加剧着社会不公。

第一部分　远方的日常

一种"中产病"？疫情下的南非式幽默

在疫情向全球蔓延的初期，相对欧美地区而言，非洲各国是"新冠"疫情传播较缓的地区。二月初的时候，整个撒哈拉以南的非洲只有塞内加尔和南非两个国家能够检测"新冠"病毒。记得著名的南非籍脱口秀主持人特雷弗·诺亚（Trevor Noah）还曾在节目中开玩笑说："看，非洲人民再一次被世界远远抛在了后面。"从报道第一例病例开始，南非的社交媒体上就充斥着有关新冠肺炎是个"中产阶级"病的各种段子："虽然我们不知道那些得了新冠肺炎的人是谁，但我们知道他们都去过欧洲度假。""作为一个连护照都没有甚至从没用过电子邮件的人，我第一次觉得自己和一种来自国外的流行靠得这么近。"的确，南非最初的确诊病例几乎都有欧洲旅行史，最早发现的几个病例来自同一个赴意大利的十人旅行团。

自3月5日起，时任南非总统马塔梅拉·西里尔·拉马福萨（Matamela Cyril Ramaphosa）和卫生部部长已经先后多次召开新闻发布会或发表公共演讲，向公众确认，目前所有发现的病例及其家人，以及医生、同事、子女、子女就读学校师生等均已得到妥善的安置和隔离。不过在这些新闻和公共报道里，似乎有一类人从未被提及，那就是生活在这些中产家庭中的女佣。南非专栏作者哈吉·穆罕默德·多吉（Haji Mohamed Dawjee）尖锐地发问："这些中产家庭的女佣们被妥善安置了吗？她们去哪儿自我隔离？是会继续工作还是会被发配回家？"南非的许多中上层家庭都有住家的保姆。据不完全统计，整个南非至少有 100 万人口从事家政相关工作。过去几年中，我们在南非租住过的白人家庭中也几乎都有住家的女佣，她们很多人在雇主家工作生活超过几十年。（令人感到别扭的是，即便他们都是已年过半百的中年人，房东也会一直沿用种族隔离时期的称呼，称这些住家女佣为"girls"，称家中的园丁为"boys"。）而在疫情应对的相关新闻中，对于这部分人群的安置情况，几乎呈现了一种令人尴尬的"沉默"。

杰迪迪亚·布里顿 – 珀迪（Jedediah Britton-Purdy）在近期发表于《雅各宾》（*Jacobin*）的一篇文章中指出，新冠肺炎的暴发，揭示了一场以"撤离能力为标准的阶层等级体系"。而这种以"撤离能力"或者"隔离能力"为标志的阶层体系，在当代南非社会一直是一种显性存在。所谓"南非梦"，指的就是拥

第一部分 远方的日常

有足够的财力可以保障家庭彻底摆脱对基础设施和公立体系的依赖,例如,能够将孩子送往私立学校、为全家人购买私人医疗保险、在后院里拥有自己的发电和供水系统,等等。总之,一直以来,"南非梦"的核心定义就是一种从公共领域中"隔离"的能力。疫情暴发以后,住在高墙大院的中上层家庭,除了开始在家办公以外,原有的生活节奏似乎并不会受到太大的影响。他们甚至可以和往常一样在家进行体育锻炼,因为网球场和游泳池正越来越多地成为约翰内斯堡高档私人住宅的标配。

"你笑了,但这是真的"(You Laugh But It's True),是出身南非黑人聚居区索韦托(Soweto)的脱口秀明星特雷弗·诺亚的网飞(Netflix)首秀的标题。它典型地体现了人们如何经常通过"南非式幽默"来排遣严重的社会不公和公共基础设施的缺失给普通人带来的无奈和绝望。南非全国近 6000 万人口中,10% 的人口拥有国民收入总值的三分之二,有 55% 的人(大约 3000 万人)人均月收入低于 82 美元;全国有 82% 的人没有医疗保险,完全倚赖脆弱的公共医疗体系。而要应对此次疫情,公立系统的医疗资源显然是远远不够的。根据金山大学社会安全与管理教

非洲折叠

授亚历克斯·范登赫弗（Alex van den Heever）的估计，作为基础设施相对完备的非洲国家，南非全国公立系统中目前只有448个可用的重症床位，而私立系统中有2479个剩余重症床位，数量远远超过公立系统。目前，南非700万感染艾滋病的人口中，有300万人尚未能接受任何治疗。疫情的发展无疑将进一步加剧医疗体系的瘫痪。

近年来，南非社会不断爆发以"倒下主义"（Fallist Movement）为代表的底层社会运动。在南非人特别是年轻人中，似乎已经确立了这样一种共识：作为全球最不平等的国家之一，当代南非社会愈发严重的贫困和不公是结构性的，迫切地需要改变。

"国家灾难状态"

3月15日傍晚，我们守着电视直播，等待总统拉马福萨就新冠病毒感染疫情发表全国讲话。

原定七点的讲话推迟两个小时后终于开始，总统拉马福萨宣布南非进入"国家灾难状态"（national

state of disaster），开始实行旅行禁令、关闭学校、禁止高风险地区旅客入境、取消百人以上聚集活动等一系列措施，他说："共和国的民主历史上，从未面临和今天一样严峻的形势。"

消息一出，原本平静的城市似乎一下子大变样。原先社交媒体上弥漫的轻松情绪逐渐演变成一种剑拔弩张的焦虑。金山大学医学院有学生检测出"新冠"病毒阳性，学校紧急宣布学生需从宿舍中撤离。因为不满学校在未做全面检测的前提下要求所有南非学生撤离宿舍可能会在返家路途中带来更多传播风险，法律系两名学生连夜将学校告上法庭。最终在照顾国际学生的前提下，法院维护了学校的决定。不过，全国所有的学校关闭之后，根据南非的网络基础设施情况，远程授课根本是无法实现的。

我们租住的公寓楼位于约翰内斯堡繁忙的罗斯班克（Rosebank）地区，经常接纳来自世界各地的游客和短期访问的住户。总统全国讲话之后，全楼的住户纷纷拖着行李搬走，一夜之间，平时满满的停车场里竟只剩下零星的几辆车。教会纷纷宣布取消复活节活动，南非国家艺术节决定改为线上举行，

非洲折叠

同志马拉松、两洋马拉松等超级马拉松赛事也都暂停举办。娱乐与创意产业的媒体人发起"不要退票"（#KeepYourTicket）的话题，号召人们不要申请退票，帮助遭受重创的创意产业渡过难关。然而，面临真正"灾难状态"的，似乎是另外一群并不怎么使用推特等社交媒体的人。

里尼在我们住的公寓大楼里担任清洁工。她和公寓几乎所有员工一样，生活在南非最大的黑人聚居区之一索韦托。每天清晨，她要花一个半小时到两个小时的时间换乘两班小巴车到达酒店，然后负责清洁10间以上的酒店房间。她每月工作25天，共收入3000兰特（大约1400人民币）。作为一名单身母亲，除去每月的通勤花费1300兰特，剩下的所有费用要用来抚养两名分别8岁和9岁的学龄儿童和一个8个月大的婴儿，同时还要赡养平日帮她带孩子的年逾七旬的母亲。她8岁的女儿还常年患有严重的皮肤病。可能因为年龄相仿，我在约堡停留的两个月中，里尼经常来找我聊天，询问我中国的情况。不管我如何描述这次"新冠"病毒的传染性和严重性，她似乎一直觉得这件事情离自己很远，"你去过我生活的索韦托，应该知道那里有很多比新型冠状病毒更危险的病毒吧"。她

第一部分 远方的日常

经常半开玩笑地这样打趣。

在南非,有 1100 万人生活在非正式的棚户区(informal settlement)中。通常全家人挤在一个铁皮屋中,没有基本的电力和卫生保障,更没有 24 小时新闻和网络不间断更新新冠肺炎的发展状况和注意事项。根据《美国流行病学杂志》(*American Journal of Epidemiology*)的研究,面对病毒,这些拥挤的棚户区住所比其他工业社会中普通家庭感染的概率要平均高出 40%。

疫情将不会以"常规"的方式影响这些人的生活,他们不会像其他国家和地区的多数人口那样应对这次危机——四处购买口罩、洗手液、去超市排队囤积食物。如果真的必须全部在家、不能出门,他们的感染风险可能更高。总统全国讲话之后,社交媒体上开始流传当地伍尔沃斯(Woolworth)超市的冷藏食品架被拿空的图片,我拿给里尼看的时候,她淡淡地说:"我从没有去过这家超市。他们的东西太贵了。"

3 月 19 日清晨,我们住处附近的一家酒店发现一例确诊病例,楼下一下子停了数十辆救护车。我们

非洲折叠

最后一天工作日,平日里快乐健谈的里尼,显得忧心忡忡,程莹摄影

第一部分 远方的日常

也开始紧急找房、寻找人员流动量相对较小的住所。搬走前我去找里尼,给她灌了一瓶我之前买好的洗手液,让她叮嘱家里的孩子要多加小心,尽量不要去教堂等公共聚集的场所。里尼说:"经理让我们从明天开始不用继续上班了,也不知道下次再见到你,会是什么时候了。"说实话,把洗手液拿给里尼的时候,我心里充满矛盾。因为我知道在她生活的地方,连洁净的饮用水都成问题,强调用流水洗手 20 秒以上,是一件多么奢侈又讽刺的事。

因为公寓已经基本搬空,酒店不再需要那么多工作人员,里尼和其他大部分工作人员开始了无薪待岗的状态。刚来酒店工作不久的里尼,最担心的是自己会因为疫情暴发被裁员。而即便酒店不裁员,每天乘坐私人小巴(每辆小巴容量 14 人,但严重超载状况十分普遍)数小时往返索韦托和桑顿城区工作的里尼,也要面临极大的感染风险。疫情暴发之后,每天早晨酒店给剩余的工作人员发放一个口罩,在下班时让他们按照规定丢弃在特定的垃圾桶内。而在几个小时的通勤时间里,他们却是毫无保护措施的。为了防止物资丢失,酒店的清洁工在下班时候还要接受安保和管理人员搜身。所以,为了让里尼把洗手液带回家给孩子,还需要我手写一份"物品赠予说明"给酒店管理人员。

另一段"隔离"的历史

总统第一次全国讲话之后,我们之前联络的租房中介纷纷告知政策调整,原先看好的住所处于冻结状态。情急之下,我们在爱彼迎(Airbnb)应用上按照地图搜索,最终找到了一家离约翰内斯堡市区稍远的、可以即刻自主入住的住处。

这个新的住处位于哈特比斯波特(Hartbeespoot)大坝,当地华人习惯上称之为大湖地区,距离约翰内斯堡约一小时车程。周五结束了一周的网课,我们决定出门了解一下这个之前完全不熟悉的小镇,希望能找一个人少又空旷的公共场所休息一下。哈特比斯波特由围绕着大湖的几个小镇构成,在两小时沿着湖边开车绕了整整一周之后,我们发现占地二十多平方千米的大湖岸边,竟然全部被私人住宅区用铁网占领,毫无供公众使用的休憩空间可言。在地图上反复搜索后,我们看到小镇有两家可以跑步的公园,到了门口

第一部分　远方的日常

才发现这里的公园也是私人所有，每人要收取100兰特的门票费用。正当我们对这样高度私有化的城市规划和结构感到震惊的时候，有一位同样来自约翰内斯堡的白人女性走过来跟我们打招呼，她感叹着："只有这里才有'像样'的公园，在约翰内斯堡，可完全没有这样安全和放松的去处！"

这位女士的话匪夷所思。约翰内斯堡城内有大量免费开放的公共空间，公园和草地用地占了整个城市面积的十分之一。而这位女士之所以发出这样的感叹，大概是因为这些公园已经成为许多无家可归的黑人流浪人员聚集的场所。种族隔离期间，约翰内斯堡城区是允许白人居住生活的。种族隔离结束之后，各大公司、银行和金融机构逐渐撤离老城区。虽然政府在近年来实行了新城项目（Newtown Project）等利用文化艺术的方式振兴城市的计划，却收效甚微。因为治安原因，许多白人几乎从不涉足约翰内斯堡的老城地区。在他们的认知中，这些公共空间就像《犯罪天堂》《黑帮暴徒》等南非电影里刻意描绘的那样，充满了暴力、不安和危险。

这段短短的小镇居住经历，也成为我这学期开设的"非洲文化与社会"课程的一段小插曲。在准备有关"南非电影与种族隔离"这一讲直播课程的时候,我顺手查找了以哈特比斯波特为代表的小镇的相关史料,发现原来这里的湖岸线虽为国家所有,但租约几乎全部掌握在白人手中。几年前,曾经有当地黑人居民试图请愿改变这一现状,一直未果。更有甚者,在一些度假村和餐馆中,业主援引"保留进入权"(Rights of Admission Reserved)条例,拒绝黑人游客进入。2018年,一位黑人居民在一家传统上以白人为主的游艇俱乐部遭到毒打,引发了该地区一次抗议种族主义的游行。

在种族隔离结束25年之后,肤色和阶层依然在很大程度上决定着人们生活的空间,以及在特定空间中生存的能力。在全球大隔离的时刻,种族隔离的历史也会不断地浮出地表,与愈加复杂和紧张的空间政治盘根错节。

全境封锁!

3月23日,南非的新冠肺炎病例一日内激增五

第一部分 远方的日常

四处可见的高墙电网,是南非城市建筑的"特色"之一,程莹摄影

成。傍晚时分,总统拉马福萨再次进行全国演讲。从3月26日子夜开始,南非实行为期21天的全境大封锁。封锁期间,除了紧急就医和购买必备食物,不得外出。

消息一出,我们在爱彼迎上预定的住宅所在小区的业主委员会决定拒绝外来住客。于是,刚刚搬来不到一周的我们,又要搬家了。紧急状态下已经不可能在一天之内租好新的房子,幸好有朋友因为疫情原因无法返回南非而暂居国内,慷慨地将自家房子借给我们暂住。以最快速度收拾好行李,我们再次开车返回约翰内斯堡。

在加油站停车加油时,我们储备了一些食物和饮用水。加油站的工人们并没有口罩,他们用普通的围脖遮掩口鼻。除此以外,这一路上似乎并没有什么异常。和平日一样,大大小小的十字路口和红绿灯下,站着些许乞讨的路人。先生一边开车一边问我:"如果明天开始全境严格限制出行,那这些人该怎么办?"

全球大流行的"新冠"病毒,对于这些每天都面临饥饿和疾病威胁而别无选择的人,又意味着什么?

第一部分　远方的日常

在总统发表这次全国演讲以前，朋友发来南非军队提前进驻我们所在的豪登省应对紧急状况的图片。当地华人社群的讨论中，弥漫着种种可能发生暴乱的隐忧。

封城前一天，我打电话给居住在约翰内斯堡滕比萨（Thembisa）的津巴布韦移民朋友安德莱，询问她的近况。她告诉我，原定返回津巴布韦的计划因为南非封锁而不得不放弃；这几天津巴布韦的医疗系统人员也因为政府面对疫情完全无所作为而不得不发起罢工。不过她的家人们并不听她的劝告，依然在参加周末的教会活动。

安德莱是五年前跟随她的姐姐坐小巴车从津巴布韦的布拉瓦约（Bulawayo）跨越国境线来到南非的。除了父母仍旧留在津巴布韦帮忙照看姐姐的孩子，她们姐妹七人全部在约翰内斯堡生活，主要靠做家政工人和打零工维持生计。安德莱居住的滕比萨，是许多来自非洲其他国家的外来移民聚居的地方。大约一个月以前、南非尚未有"新冠"病例报道的时候，我曾在周日清晨和家人散步时遇到过一次津巴布韦社群的教会活动。他们当时在一个位于城市北部农场的一块水域旁祈祷和洗礼。有朋友曾提及，他们之所以选择

非洲折叠

在丛林、水边等单独的户外处所进行祈祷活动，除了宗教文化原因，另外一个重要的原因是来自津巴布韦的移民经常会被本地人的教会和宗教场所排斥。在与他们聊天的时候，几位来自津巴布韦的人关切地问及当时在中国蔓延的新冠病毒感染疫情，并真诚地告诉我，他们会一起为我们祈祷。

在过去两周不断因为疫情原因更换住处、打包搬家的时候，我时常想起这一幕。外来移民聚居的滕比萨经常被本地媒体和公众认为是混乱和肮脏的所在。当亚裔面孔因为疫情在许多地方被排斥和误解的时候，这些同样生活在异国他乡的人却给了我一份最朴实的善意。当我写下这段文字的时候，距离南非全境封锁还剩下四个小时。外面的街道出奇的安静。希望这些曾给我慰藉的陌生人，在这样的时刻同样被记挂、被惦念。[1]

---

[1] 本文原载于北京大学人文社会科学研究院，原文标题《隔离的历史与当下：南非疫情手记》。参见 http://www.ihss.pku.edu.cn/templates/xw/index.aspx?nodeid=236&page=ContentPage&contentid=3699，2020年4月5日。

第一部分　远方的日常

程莹与在约翰内斯堡一家农场参加教会洗礼的津巴布韦移民交谈，刘佳摄影

2
给曼德拉写信的人

/ 程莹 /

曼德拉在 20 世纪 90 年代出任南非首任黑人总统，对整个世界而言，意味着南非种族隔离制度的终结。然而，他许诺给黑人的土地返还愿景，却远未实现，他的"基于自愿赎买原则"的土地再分配政策，反而使得底层黑人普遍陷入了愈加恶劣的居住环境之中。种族隔离在官方政策中结束了，基于种族的空间隔离却并没有结束，这便是南非"棚户区居民运动"（"Abahlali baseMjondolo"是祖鲁语"棚户区居民"之意，以下简称"AbM 运动"）兴起的背景。AbM 运动在空间正义的斗争道路上也积极探索着泛非主义遗产。他们创办了棚户区居民大学，和当地社群居民一起研读理论、学习知识，思考生存困境背后的社会结构根源,并将自己的行动系统化和理论化,创造和书写自己的历史。疫情期间,国家封锁,全球社运陷入低潮,AbM 运动开始着手在更大范围内建立被强行切断的社会联结,引发了包括阿兰达蒂·罗伊(Arundhati Roy)、乔姆斯基(Avram Noam Chomsky)、娜奥·米克莱恩(Naomi Klein)、亚尼斯·瓦鲁法基斯(Yanis Varoufakis)在内的全球左翼学者的声援。美国爆发"黑命攸关"(Black Lives Matter)运动后,AbM 运动发布了支持这一运动的公开信。无疑,AbM 运动在全球资本主义危机所引发的各地社会抗争中,提供了不可忽视的借鉴资源。

发行于 2012 年的纪录片《亲爱的曼德拉》(*Dear Mandela*)让世界各地关心草根社会运动的人记住了"Abahlali baseMjondolo"这个南非棚户区居民运动组织的名字。这部纪录片通过讲述底层棚户区居民争取居住权的故事,提供了后种族隔离时代南非社会面临的尖锐社会危机的一个缩影。就像史蒂夫·比科(Steve Biko)等年轻的黑人领袖曾在反抗种族隔离斗争的历史中起至关重要的作用一样,在这个纪录片当中,我们也看到南非的青年人再次成为当代社会运动的发起人和领导者。

南非棚户区居民运动（AbM）起源的标志，是2005年初南非第三大城市德班市肯尼迪路棚户区附近的一次道路封锁抗议，后逐步扩大到人口密集的彼得马里茨堡市和开普敦市。它是迄今为止南非规模最大的全国性棚户居民组织，多年来一直致力于为底层人群争取基本的生存权利，并在运动中倡导一种自下而上的民主政治理念。 棚户区居民运动，也是1994年南非结束种族隔离运动之后，在底层民众中掀起的规模最大、持续时间最久的社会运动。

种族隔离、空间区隔以及棚户区居民运动的兴起

1994年4—5月，南非举行首次不分种族的大选，以现任执政党非国大（全称为南非非洲人民国民大会，African National Congress）为首的非国大、南非共产党、南非工会大会三方联盟以62.65%的多数票获胜，曼德拉出任南非首任黑人总统，标志着漫长的种族隔离制度结束。种族隔离期间，大部分黑人的土地被剥夺，约85%的土地归当时仅占总人口17%的白人所有。非国大在1994年执政后开始推行"基于自愿赎买原则"的土地返还与再分配政策，承诺要

第一部分　远方的日常

在 2000 年之前，将 30% 农业用地归还给南非黑人。当时曼德拉领导的政府为了实现种族的和解，确立运用法律手段和市场机制，采取和平赎买、自愿买卖等方式进行土改的这一原则，并被历届政府沿用。但靠市场定价、买卖自愿的土地政策导致土地价格飙升，实际上阻碍了公正的土地分配。并且在土地回收过程中，出现了众多的管理和腐败问题。2017 年公布的一项由南非农业联合会区主导的土地所有权审计显示，从种族隔离结束后算起的 20 余年中，南非政府购买的 280 万公顷的土地中大部分都未被利用或处于休耕状态。直到 2019 年，占南非总人口 8% 的白人，仍持有全国农业用地的 72%；而占总人口近 90% 的非白人，仅持有农业用地的 27%。因而事实上，南非的土改一直处于某种停滞状态，而从 AbM 运动持续多年的斗争中也可以看到，在新自由主义经济驱动下，许多城市的棚户区都面临被强行拆迁的命运，这一现状也致使执政党非国大在底层黑人群体中的支持率不断下降。[1]

---

[1] 现任总统拉马福萨上任之后开始推进宪法修改，允许无偿征收白人土地。他将土地再分配作为自己执政纲领的重要组成部分，还成立了新的土地问题委员会，改革土地政策，逐步实施无偿征收土地的政策，实现土地再分配。在 2020 年发表的最新国情咨文中，拉马福萨再次承诺将尽快推动无偿征收土地的法案，并且政府将在一年内释放 7000 平方千米土地用于农业生产。

非洲折叠

2005年初,德班市肯尼迪路棚户区的居民第一次组织起来发起抗议,他们用燃烧的轮胎搭起的路障将N2高速路堵塞了4个小时。这次抗议的直接起因是一块早就被划分给黑人棚户区用于建造住房的土地被售卖给了一家当地企业。抗议活动的发起人认为,曼德拉在1994年的土地承诺非但未能实现,后种族隔离时代的多数黑人面临更加恶劣的居住环境。肯尼迪路棚户区不仅没有基础的水电和卫生设施,几乎每天都面临着推土机的威胁,有关部门和资本集团不断逼迫他们搬迁到远郊的临时处所。

那么,为什么肯尼迪路棚户区面临着频繁拆迁并持续受到本地权力机关的打压呢?

肯尼迪路是德班市的主要交通干道之一,这条路上的几个棚户区主要集中于一个大型垃圾处理场和一片以中上层居民为主的大型住宅区克拉拉庄园(Clara Estate)中间。住在棚户区里的人,大多从事两类工作——或是从这里去隔壁的高档住宅区做女佣和花工,或者去垃圾场捡拾垃圾。值得一提的是,这种城市空间结构分布在南非十分典型。过去几年中,几次在南非自驾经过的十几个城镇,几乎都能见到高档住

第一部分　远方的日常

宅区中间零星分布着成片的棚户区。棚户区居民是这些住宅区的主要家政服务提供者。肯尼迪路的这些棚户区并不直接紧邻肯尼迪路主干道,而是在这条路附近的山坡上。也正是因为这个原因,这片土地显得炙手可热。因为南非的许多高档住宅区都会在山坡上选址,这里视野极佳,自然是房产开发商的首选。

2006年3月,肯尼迪路棚户区居民组织了一次更大规模的抗议,通过号召人们不参与投票来抵制当年的选举活动,运动的标语是"没有土地、没有住房,就没有选举"。这些运动与约翰内斯堡的"无地人民运动"、开普敦的"反强拆运动"形成此起彼伏的呼应。底层人群一旦开始抵制投票,就会给执政党带来选票冲击。时任总统姆贝基号召人们停止抗议,但运动规模仍不断扩展,同时也遭到了更多来自市政及警察的袭击和威胁。

人们逐渐意识到,这种新自由主义市场逻辑驱动下的强行拆迁,某种程度上和种族隔离时期的"多余人口"话语其实并没有本质的区别。在全球资本主义语境下,南非经济高度依赖采矿业和金融业,极端贫富差距和社会不公一直在加剧。贫民窟里的居民因为拒绝搬迁到几乎没有任何经济和教育资源的远郊，被认为是道德败坏和行为涣散的城市冗余人群，极大地阻碍了力图实现"没有贫民窟"目标的当代南非城市建设规划。

2009年，AbM棚户区居民运动取得了一次重要的阶段性胜利。南非夸纳省颁布了一项"贫民窟清除法案"（KNZ Slum Act）。AbM棚户组织认为这一法案违宪进而将政府告上法庭，并且最终胜诉。

作为日常苦难的"第三力量"：
一种新的政治语言？

斯布·兹科德（S'bu Zikode），是棚户区居民运动的第一任领导者。在被选为抗议运动的第一任主席时，他刚年满30岁。兹科德出生于德班郊区，1997年搬入肯尼迪路棚户区。在领导棚户区运动前，他曾是附近加油站的工人，在2007年的时候因为组织抗议运动被解雇。现在兹科德已经是南非知名的公众人物，在电视、电台、报刊专栏上经常能看到他的名字。在长期的运动中，兹科德发展了一套法农式的运动领导方式——领导者不是要去直接领导人民，而是要在人民自我认知的过程中给予协助。他认为，这将有助于运动主体从集体层面完成自我认知，而非依赖外来者对运动本身进行定义和掌控。在实践层面，棚户区居民运动建立了自己的民主管理机构——肯尼迪路发展委员会。所有事务由集体的周例会共同商议确定，所有涉及财务的决定均由集体作出，运动所获得的社会捐助主要用来支付打官司和交通等费用，个体包括运动的领导成员也不可从中获得报酬。

棚户区居民运动得到过许多著名学者和知识分子的关注，但他们并未在实际层面塑造这一运动。成员们经常自发组织阅读和学习空间权力方面的著作，比如列斐伏尔和大卫·哈维的作品，但这些活动都不是由学者主导的。他们的一个著名口号是"与我们讨论，但不要为我们代言"（Talk to us, not for us）。AbM 棚户区居民运动的一个特别之处，就在于他们在运动早期就形成了一整套被兹科德称为"第三势力"（Third Force）的政治哲学。

"第三势力"的说法其实是棚户区居民对非国大官方政治术语的一种解构和挪用。20 世纪 80—90 年代，种族隔离结束前，非国大用这一术语指称在夸纳省引发暴力冲突的秘密武装力量，并认为这一势力与右翼联盟，蓄意制造暴力和谋杀。今天，南非频繁的抗议运动也时常被执政党叫作"第三势力"，他们通常声称这些抗议活动受境外势力指使，并与反对党和白人知识分子勾结。今天，包括棚户区居民运动组织者在内的许多草根社会活动家，常被执政党指责为"第三势力"。[1]

在阐释棚户区居民运动的政治理念时，兹科德却将这种"污名化"进行了挪用。根据兹科德的解释，第三势力，最简单的理解就是底层人民的苦难经验，比如，与6000人共享6个厕所，需要自己处理排泄物并每日与之为邻；在赶走老鼠的时候，还得时刻盯着孩子让他们不把屋子里的蜡烛碰倒；同整个社区的居民一起排队使用一个水龙头时还得想着照顾家里生

---

[1] 执政党的这种"第三势力"说辞会将当代复杂的政治与社会矛盾遮蔽、简化为黑白二元对立的种族关系。在权力机构对 AbM 的诟病中，多将其描述为被白人知识分子利用、受其"蛊惑"和控制而成立的组织，这一说辞实际上延续的是种族隔离时期旧的话语体系，并且从根本上否认底层公民社会组织的能动性。参见 http://sacsis.org.za/site/article/1456，2020 年 6 月 20 日。

第一部分　远方的日常

病的老人；提心吊胆地等待下一次推土机的到来，亲手埋葬自己因痢疾或者艾滋病过世的孩子……兹科德说，所谓第一势力，指的是南非历史上伟大的种族隔离抗争，第二势力是指种族隔离斗争的"背叛者"——暗指当权但渐渐失信于民的国大党。他们非但没有像独立时宣称的那样信守承诺，反而为占据人口多数的黑人底层带来了"第三势力"的苦难恶果。

这也是棚户区居民运动一以贯之的运动语言，他们认为这种理解政治的路径是真正的"人民的语言"。就像法农在《全世界受苦的人》[1]中所指出的："如若你只使用法律和经济专业的毕业生才能懂的语言，那么你能轻易证明人民需要上层来治理。但是如果你使用日常的语言……你将意识到人民将很快理解所有含义……只要你想让他们懂得，任何事都能向人民解释。他们懂得越多便越敏锐，也就更能意识到，一切都取决于他们。"

棚户区居民运动一直坚持底层人民应该用自己的

---

[1] Fazon, Franz. 1968. *The Wretched of the Earth*, translated by Constance Farrington. New York: Grove Press, p. 152.

语言为自我发声。这种根植于日常生活的政治理念和阐释机制，体现了底层社会运动对高度精英化的政治语言的主动背离。"人民的语言"，其实也暗含了他们对当下体制中政策制定者的一种不满。也就是说，棚户区居民运动的组织者拒绝"底层人民不懂政治"的说辞，但他们在行动上也并非试图进入现有的政治等级体系，而认为应该从根本上改变政治论辩的经典场域。政治语言应该基于现实，不能成为精英和权力阶层用来排斥他者的抽象术语。

这也是为什么棚户区居民运动在一开始就创办了棚户区居民大学（University of Abahlali baseMjondolo），和当地社群居民一起研读理论、学习知识，思考生存困境背后的社会结构根源，并将自己的行动系统化和理论化，创造和书写自己的历史。棚户区居民大学旨在促进底层知识生产、引导运动成员参与政治辩论并质疑传统的精英政治体系，是这一运动中不可忽视的重要组成部分。

由"第三势力"也就是日常苦难和生存危机所导致的底层抗议行动，其实可以看作是近年来非洲社会运动的一种普遍范式。从 2012 年初尼日利亚因取消石油补贴而导致的"占领尼日利亚运动",到 2018 底因面包价格上涨而导致的苏丹革命,都采用了来自底层的、根植于日常生活的运动语言。这些运动的根源,是底层民众最基本的生存诉求无法得到满足,从而迫使大量失业青年高呼着"受够了"(Enough is Enough)[1]走上街头。在其近年来有关社会运动的研究《公众聚集与表演理论》(*Notes Toward a Performative Theory of Assembly*, 2015)中,朱迪思·巴特勒(Judith Butler)指出,作为一种重要的抗争形式,通过走上街头在公共场所集会,人们不仅是在表达一种观点或立场,更是在突显一种身体政治:呈现在公共场域中的,是缺乏庇护的、饥饿的身体,是被剥夺了基本权利和可能性的身体。

纪录片《亲爱的曼德拉》中有这样一幕,在一次棚户区强拆行动之后,肯尼迪路的 200 个棚户房被大火烧毁,运动的发言人米可罗·纳邦库鲁(Mnikelo Ndabankulu)说,我们之所以上街抗议,既无关名利,也并非渴求权力,更不是要刻意对抗权威。仅仅

---

[1] 比如,2012 年塞内加尔的青年运动口号"Y'en a Marre"就是法语版本的"受够了"。

是因为生活。而这（我们日复一日的遭遇），根本无法被称作生活。

疫情下的棚户区运动

开始着手写这篇介绍文章的时候，我还在进行那一学期的网络授课。在讲到近年来非洲青年的流行文化社会运动时，有学生提出了一个非常相关的问题：在疫情背景下，非洲的社会运动和日常政治实践，是如何进行的？

从南非全国戒严开始，我一直关注棚户区居民运动的动态。疫情之初，南非的社交媒体上曾一度出现社会各界"团结抗疫"的表象，公民社会组织似乎陷入了沉寂。其实，疫情下如何开展社会行动这个问题本身，在疫情期间得到了广泛的讨论和反思。比如，南非著名的社会活动家教育组织齐西马尼活动家教育中心（Tshisimani Center for Activist Education）发起了一系列的线上教育课程和相关的讨论，包括疫情下社会运动应该如何组织和动员、社会危机中的艺术实践等迫切的议题。

第一部分 远方的日常

这些讨论的一个共识是,疫情并不能成为阻止社会运动的缘由。与之相反,对包括南非在内的许多全球南方(Global South)国家而言,社会运动才是解决问题的有效方式。南非学者安德烈·托特(Andries du Toit)指出,非洲抗击传染病的诸多社会经验表明:医生和社交隔离不能拉平疫情的曲线,只有社会运动才能做到[1]。在非洲要抗击"新冠",需要一场新的以本地现实为根基的、尊重基本人权的社会运动。因为在大量的棚户区,人们需要的不是警察和士兵的暴力执法,而是真正去他们的社区教会他们如何抵御病毒、传授卫生知识、给予他们防护设备及物资救助的人。

在疫情之下的非洲,各国执政党纷纷宣布国家进入临时紧急状态,然而这些看似果断的决策实际上问题重重。各种新闻媒体中,人们发现大量底层民众似乎对政府的决策"不屑一顾",这背后的原因并不是他们的知识背景不足以理解高危传染病的常识。试想后

---

[1] Du Toit, Andries. 2020. "Ending the Polarization around South Africa's Lockdown". 参见 https://africasacountry.com/2020/05/ending-the-polarization-around-south-africas-lockdown, 2020 年 6 月 20 日。

非洲折叠

殖民时代非洲城市中大量的棚户区居民,哪一天不是在应对危急状态?和他们所面临的日常危机相比,新冠肺炎并没有更加急迫或危险。包括社会学家埃利西奥·麦考莫(Elísio Macamo)等人在内的多位学者先后指出,严苛的戒严措施并不能为非洲争取时间,只是剥夺了大量人口的生存资源和社会联结,会带来更大的次生灾难。

戒严开始之后,南非棚户区居民运动首先着手在更大范围内建立这种被强行切断的社会联结。他们发起了"食物团结项目",建立社区公共厨房、通过各地分支机构向各大型棚户区发送免费食物。值得注意的是,与政府"将南非人置于首位"的说法不同,他们在行动中强调,在疫情之下,外来的非洲移民更加需要包容。这些外来移民中许多主是来自津巴布韦、莫桑比克、马拉维、赞比亚、刚果(金)、尼日利亚、索马里、安哥拉等国的非法移民和难民。十余年来,伴随着急剧扩大的贫富差距和不断激增的失业人口,南非社会排外情绪日益高涨,多次爆发大规模的排外暴力事件。AbM棚户区居民运动一直强烈反对这些排外行为,他们曾多次与不同国家的移民社群共同组织游行活动支持外来非洲移民。在棚户区居民运动对排外

第一部分　远方的日常

暴力进行反思的一系列相关文献中,他们曾尖锐地分析道:当下的排外运动在某种程度上是种族隔离制度建构起来的二元身份制度(黑人与白人、外来与本地等)的历史遗留,外来的黑人移民,不应成为南非当下社会问题的"替罪羊"。从这个层面来看,棚户区居民运动似乎真正地继承了泛非主义的精神内核。

每年 4 月 27 日是南非的自由日(Freedom Day),这是一个为纪念种族隔离的结束、第一次不分种族全民参加投票而设立的公共节日,也是南非的国庆节。这一天棚户区居民运动组织会在全国各地组织大规模的游行活动。当然,棚户区居民运动的组织者和参与者一直将这一天叫作"非自由日"(UnFreedom Day),他们以这种方式来提醒公众南非仍有大量处于社会底层的人群,无法获得真正的自由。因为疫情,棚户区居民运动被迫取消了今年的集会活动。

截至 7 月 19 日,南非已经成为全球感染"新冠"病毒确诊人数最多的五个国家之一,是每十万人中感染人数最多的国家,其总病例数占了整个非洲大陆感染数量的一半以上。尽管南非政府曾在疫情传播的早期采取极为严苛的戒严政策,但目前病例数仍以每天

非洲折叠

数以万计的规模增长。讽刺的是,疫情极大地影响了公共集会活动,却未能阻止针对棚户区的强拆行动。从戒严开始,各地的棚户区居民依然面临持续不断的骚扰。南非公益法律机构奈迪夫纳·乌卡兹(Ndifuna Ukwazi 原文为科萨语,意为"我想知道")开始为各大棚户区居住权组织提供系列讲座和免费咨询服务,为棚户区居民提供具体抵抗驱逐的法律援助。同时,他们也根据相关数据制作和公布南非的疫情地图,他们制作的疫情图显示,和美国情况类似,在感染的重灾区,感染数量与种族和家庭收入直接相关。

诚然,通过网络开展社会运动本身存在很大的局限性。不过在疫情期间,棚户区居民运动似乎得到了更多公众关注。他们发布于社交媒体的动态更新,在疫情之前平均每条信息有1万的阅读量,在疫情期间高达30万。这些在线活动中所强调的联结也突破了民族和国家的界限,南非社会运动的组织者开始与印度和巴西的底层公民居住权组织进行更为密切地互动,沟通借鉴斗争经验。"黑命攸关"运动在美国的爆发,也引发了南非社会各界的支持与回应。6月16日是南非的青年节,尽管疫情正处于非常严峻阶段,当天也一直下雨,我在约翰内斯堡外出时发现,

第一部分 远方的日常

许多路口都有南非的青年人聚集，举起"黑人的命也是命"（Black Lives Matter）的牌子。AbM 棚户区居民组织也发表了公开信支持这一运动，并和其他的社会组织合作发起永远禁止特朗普涉足南非的请愿。

"第一个曼德拉是耶稣基督，第二个曼德拉是纳尔逊·罗利哈拉·曼德拉（Nelson Rolihlahla Mandela）本人，而第三个曼德拉，是这个世界上的穷人。"[1] 在一次为欢迎被捕的运动成员回家而举办的庆祝活动中，棚户区居民运动的第一任领导者兹科德曾这样说道。在许多南非人看来，曼德拉是救世主的化身，他漫长的牢狱生涯是民族国家斗争的隐喻，他的出狱也象征着彩虹之国新南非的诞生。但是，对棚户区居民来说，种族隔离的终结并未打开他们身上的枷锁，曼德拉的漫漫自由路，远未终结。

过去的十五年中，南非棚户区运动的组织者几乎每天都在他们的网站和公共平台发声，记录每一次庭

---

[1] Patel, Raj and Richard Pithouse. 2005. "The Third Nelson Mandela." 参见 http://www.voiceoftheturtle.org/show_article.php?aid=435, 2020 年 5 月 30 日。

审、驱逐，每一次抗议、被捕，每一次辩论和反思。他们在真正意义上自主地建构了人民运动的历史。

这些年来他们的每一篇更新，都像是写给逝去的伟人曼德拉的公开信。[1]

---

[1] 本文原载于澎湃新闻《思想市场》栏目，略有调整。原文参见 https://www.thepaper.cn/newsDetail_forward_8371810，2020 年 7 月 20 日。

3
暴力、食物与被裹挟的"穷人"

/ 张丽方 /

疫情之后,我在异国偏居一隅的小镇马坎达与20多位来自非洲各国的学生留守于空荡荡的校园,经历了严格的全国封锁、不断恶化的市政服务和供水危机等"国家灾难"状态下的日常,也亲眼见证返校学生和当地棚户区民众因不同原因发起的抗议。这两年多的"共进退"让曾经遥远的"他者生活"成为了切身体验,因而在德班骚乱的消息传来时,我更关注的是那些再一次被推到幕前的"穷人"。占南非人口多数的他们,有时是抗议运动的发起者,有时又被迫成为社会动乱的替罪羊。这样简化或污名化的做法,不仅会让我们忽略这些"不太平"背后复杂的社会历史原因,更无益于我们真正理解多元的他者,并看见在他们的

非洲折叠

日常抗争中所蕴含的关于未来的不同可能性。

以祖马入狱为导火线,南非夸祖鲁-纳塔尔省和豪登省部分区域在2021年7月9日至17日期间,发生了连续九天的抗议与骚乱。这场骚乱从瘫痪交通、焚烧货车的抗议开始,发展为对商场与购物中心的大规模洗劫,以及对电信、医疗、仓储等城市服务设施及数家工厂的严重破坏,并造成了三百多人丧生。这场种族隔离制度终结以来的最大骚乱,不仅重创南非政治与经济,更是在混杂多种暴力形式的公开"展演"中揭开了历史的疮疤,使得社会深层问题披露无遗,民主南非的愿景又一次幻灭。在这次骚乱所激起的剧烈震荡中,"穷人"再次被置于前端。尽管贫富差距等社会问题造成了底层广泛的绝望情绪是事实,但无论在当局定性的"被操纵的弱势群体"还是充斥于媒体的"食物暴乱"叙事中,"穷人"都被笼统化为一个无差别的群体,裹挟进这一次甚至下一次骚乱中。在这个历史的铰链被再次拉动的时刻,理解占人口过半数的"穷人"及其作为社会问题承受者与抗争者的具体实践,能为千疮百孔的南非继续探索"漫漫自由路"带来什么样的启示呢?

第一部分　远方的日常

被暴力撕裂的夸祖鲁—纳塔尔省：新的骚乱，旧的问题

这场骚乱最初以瘫痪交通开始，焚烧货车、设置路障、堵塞道路等让国家机能暂停运行的方式对于南非而言并不陌生，这是排外风波中常见的手段，也是以往城市底层抗议甚至反种族隔离斗争中的战术。但与后种族隔离时代南非所出现过的其他社会冲突不同的是它所混杂的多种暴力形式及其涉及的范围之广、规模之大。从空间上说，以往的民众抗议通常发生在城市边缘，靠近棚户区，而这次的骚乱却多是发生在包括大型商场在内的中产阶级区域；从方式上说，以往的运动更多是对城市机能进行破坏，但这次骚乱则包括了社会底层对中产区域食物与商品的大规模 "挪用"，当然，参与洗劫的也不仅是底层民众[1]。与此同时，一场有组织的针对城市服务设施的蓄意破坏也在同时进行[2]，包括供水供电设施、电信基站、医疗设施、燃油仓储、工厂和供应食物的渠道本身——货

---

[1] 参见 https://www.newframe.com/durban-food-riots-turn-the-wheel-of-history/，2022 年 6 月 29 日。

[2] 参见 https://roarmag.org/essays/south-africa-zuma-protests/，2022 年 6 月 29 日。

仓、超市商场和运送货车被纵火焚烧，在德班甚至有大量军火被盗。除此之外，暴力排外、种族冲突的恐慌也通过社交媒体从夸省传播到南非各地。尽管这次骚乱的规模在后种族隔离时代前所未见，但南非当下的问题，从来也都是历史的问题。

以祖马入狱为导火索的骚乱始于其拥护者的抗议。祖马执政期间，承诺以"激进的经济转型"（Radical Economic Transformation，以下简称RET）解决失业、贫困和不平等问题，给南非人民带来希望。讽刺的是，RET最终成为执政党非国大内部祖马派系的代名词，被指责是破坏司法、贪污腐败、搞裙带关系的盗贼统治团伙。RET派系中有祖马的子女亲属、围绕着祖马的政客、忠诚于祖马的退伍军人、黑手党、祖鲁民族主义者等[1]。早在祖马入狱之前，已有许多拥护者聚集于其私宅所在地恩坎德拉准备抗议，在骚乱期间，甚至有包括

---

[1] 参见 https://www.aljazeera.com/opinions/2021/7/20/the-insurrection-in-south-africa-is-about-more-than-freeing-zuma，https://www.newframe.com/decisive-action-imperative-in-widening-crisis/?fbclid=IwAR16tewUpP30uurZEDmFHKbDufhMJh7QSeUd3ifKq49mBruQlQJ9NT2CAMw，2022年6月29日。

其子女在内的派系成员利用社交媒体在网络上煽动暴力[1]。

骚乱始于夸省,则与该省狭隘的祖鲁民族主义政治历史有关。夸祖鲁-纳塔尔作为一个省份成立于1994年,是由种族隔离时期当局建立的两个班图斯坦(Bantoestan)夸祖鲁(KwaZulu)与纳塔尔(Natal)合并而来。班图斯坦亦称为班图家园或黑人国家,是南非种族隔离时期白人当局的种族政策。该政策将占南非人口七成以上的黑人按族群划分,让其分别聚集在只占全国土地13%的10个偏远贫瘠的"保留地",名为建立所谓"自治"的黑人国家,实则是对其政治与经济权力的剥夺。夸省的最大部族是祖鲁族,"夸祖鲁"的含义就是"祖鲁人的地方"。奉行狭隘祖鲁民族主义/地方主义的南非第四大党派因卡塔自由党(Inkatha Freedom Party,以下简称IFP)成立于夸祖鲁(1975年),IFP虽然是全国政党,但其主要

---

[1] 参见 https://www.dailymaverick.co.za/article/2021-07-25-meet-the-instigators-the-twitter-accounts-of-the-ret-forces-network-that-incited-violence-and-demanded-zumas-release/,https://www.aljazeera.com/opinions/2021/7/20/the-insurrection-in-south-africa-is-about-more-than-freeing-zuma,2022年6月29日。

根基和影响都在夸省。在南非民主转型时期，IFP 曾因政治权力和地方利益之争与非国大产生冲突；在后隔离时代，IFP 坚持权力下放到地方、传统非洲社群自治等政治主张。近些年，IFP 把大幅下降的支持率与祖马的下台绑定，其领导人甚至公开表示这是因为祖马来自祖鲁族。祖马派系积极地打民族牌，祖马任职期间就以祖鲁文化奉行者的形象示人，其派系更是利用祖马家乡恩坎德拉反殖民斗争的历史，将法院对其贪腐的调查描述为对反殖斗争的祖鲁人的伤害[1]，不断煽动（祖鲁）民族主义情绪。

基于这次暴力骚乱的蓄意破坏性和规模，也有学者将其称为"精英的起义"（Elite Uprising）[2]。无论所谓精英是谁，他们是否与政府有关，这次骚乱都再次揭露了一些历史事实。首先，当局并非暴力的唯一拥有者和使用者，尽管南非的民主转型在很大程度上是协商的结果，但漫长的暴力压迫与反抗的历史，使得种族隔离制度终结后仍然有不少人拥有武器甚至

---

[1] 参见 https://roarmag.org/essays/south-africa-zuma-protests/，2022 年 6 月 29 日。
[2] 参见 https://theconversation.com/violence-in-south-africa-an-uprising-of-elites-not-of-the-people-164968，2022 年 6 月 29 日。

武装网络。其次,夸省一些议员及其他政府职员与当地的暴力不无关系。诸如暗杀政治人物的犯罪行为在南非有漫长的历史,而在 2000 年至 2017 年间,夸省在政治领域和出租车行业的谋杀事件多于南非其他省份[1]。政治暴力的对象不仅有议员或政府工作人员,致力于为底层人群争取基本生存权利的"棚户区居民运动"[2]亦深受其扰,2013 年直至祖马下台期间,运动的一些领导人曾被捕或遭受暗杀[3]。此次骚乱期间,AbM 运动的发言人塔佩罗·莫哈匹(Thapelo Mohapi)在起草声明时评价道:"一直以来,精英都对贫民视而不见。他们看不见我们。当骚乱发生时,贫民突然就进入他们视野了。"[4]第二天,莫哈匹的住宅就在烈火中化为灰烬。这一次骚乱不仅再次揭示了这些暴力的存在,更令人担忧的是,它们是以一种公开展演的方式呈现在世人面前。

---

[1] 参见 https://theconversation.com/south-africa-fails-to-get-to-the-bottom-of-killings-in-kwazulu-natal-128167,2022 年 6 月 29 日。
[2] 可参见上一篇文章《给曼德拉写信的人》。
[3] 参见 https://roarmag.org/essays/south-africa-zuma-protests/,2022 年 6 月 29 日。
[4] 参见 https://www.newframe.com/the-fire-this-time/,2022 年 6 月 29 日。

非洲折叠

夸省骚乱撕开的另一个伤口是种族冲突。夸省最大的港口城市德班是南非仅次于约翰内斯堡的制造业中心,除了占人口大多数的祖鲁人和为数不少的英裔白人外,德班还是印度之外最大的印度裔群体聚居地。德班印度裔多是英国殖民者在19世纪中叶从印度带往当地甘蔗园的契约劳工,此外也有一些印度小商人跨洋移民至此。后由于印度裔的逐渐扩张,以及南非种族主义当局的隔离政策及其造成的被压迫族裔之间在政治与经济上的差别,即使在共同对抗白人当局的时期,印度裔与当地黑人之间也曾出现或大或小的冲突。发生于1949年的"德班骚乱"常被援引为印非族裔矛盾的典型历史事件。该事件源于一位印裔店主与一位祖鲁青年的冲突,在三天内导致了一百多人丧生(多为印度裔)、当地非洲人对印度裔区域大规模洗劫,包括一所学校、一座工厂和众多商铺与住宅被毁。白人当局在冲突发生时袖手旁观。[1]

时隔70多年后的今天,该事件又因这次骚乱被

---

[1] 参见 https://africasacountry.com/2021/07/south-africas-gaping-wounds,https://africasacountry.com/2021/07/rage-as-love-under-duress,2022年6月29日。

第一部分　远方的日常

不断提起。位于德班西北的凤凰区一直居住着大量的印度裔，其中一些是在20世纪七八十年代邻近区域发生族裔冲突后迁居于此。这场骚乱在夸省与约翰内斯堡的许多地区蔓延之后，由于警察的缺席，当地一些印度裔开始组织武装自卫队，在居民区及其周围设置路障，站岗巡逻，拦截具有洗劫嫌疑的人，最终导致了严重的暴力冲突。社交媒体在其中的作用值得我们重视。一方面，高喊"保卫我们的女人，保卫我们的孩子"的自卫队守着居住区入口的图片、视频和洗劫者企图攻击印度裔区域的故事在网上流传；另一方面，以"凤凰区大屠杀"（#PhoenixMassacre）为标签的推文在加剧着印非种族冲突的恐慌[1]，一些视频里，武装印度裔自卫队伍挥舞着武器射击黑人平民。还有一些与此次骚乱无关但呈现种族矛盾的图片视频也在社交媒体上传播[2]。当警察仍在调查凤凰区暴力冲突与武装自卫队之间的关系时，媒体上关于防

---

[1] 参见 https://mg.co.za/friday/2021-07-22-hashtags-bear-a-strange-fruit-the-visual-terror-of-the-phoenixmassacre/，https://africasacountry.com/2021/07/south-africas-gaping-wounds，https://africasacountry.com/2021/07/rage-as-love-under-duress，2022年6月29日。

[2] 参见 https://www.bbc.com/news/57834755，2022年6月29日。

卫与正义的讨论已经铺天盖地[1]。尽管警方强调这些是犯罪事件而非种族矛盾，但一些族裔冲突历史事件的亲历者和这座城市一样，在新的骚乱中被揭开了旧的疮疤。

互为遮蔽："食物暴乱"或"被操纵的穷人"

在这场骚乱发展为大规模洗劫时，媒体上对行为主体的指称从"抗议者"（protesters）转化为"洗劫者"（looters），"食物暴乱"（food riot）作为标题的报道伴随着民众扛着食品的图片与视频在媒体上广为传播，并开始出现许多关于"穷人"（the poor）洗劫超市食物的讨论。南非不仅是全球贫富差距最大的国家，其失业率更是在疫情之后达到 43.2% 新高，其中 74.7% 为青年人[2]。自 2020 年 3 月第一次全国封锁至

---

[1] 参见 https://www.dailymaverick.co.za/article/2021-07-28-phoenix-massacre-what-really-happened-in-the-deadly-collision-of-brutalised-communities/，2022 年 6 月 29 日。

[2] 参见 https://www.dailymaverick.co.za/article/2021-06-01-first-quarter-unemployment-rate-hits-record-high-of-43-2-youth-jobless-rate-74-7/，2022 年 6 月 29 日。

第一部分 远方的日常

骚乱发生，数十万工作岗位丢失的同时，食物、交通及电力方面的物价却仍然面临着7%～15%的涨幅[1]。

在这样的背景下，当时的讨论多将从超市商场抢劫食物的行为与纵火烧毁商场或基础设施的行为区分开来，认为前者并非全是祖玛的拥护者，不应将二者混为一谈。一些围绕"穷人"的讨论认为食物骚乱源于更广泛的绝望情绪，饥饿驱动了暴动，贫困、不平等及失业率等问题是这次穷人参与洗劫商场的根本原因。例如，金山大学心理学教授雨果·卡纳姆（Hugo Canham）围绕"愤怒"（rage）讨论这次骚乱的特点，他认为由于社会的不平等，个体的气愤（anger）转化为政治性的"愤怒"，无业青年们不曾占有过的公共空间里的财产也就成为他们的目标。这些被社会遗弃的青年们与商场员工的命运并不相连，他们深知住在灰烬里的滋味，所以他们用属于他们的愤怒对不属于他们的财产进行短暂的占有，并让社会看到边缘人日常生活的不稳定[2]。

---

[1] 参见 https://www.newframe.com/food-riots-show-the-need-for-a-basic-income-grant/，2022年6月29日。
[2] 参见 https://africasacountry.com/2021/07/rage-as-love-under-duress，2022年6月29日。

非洲折叠

不可否认,一些洗劫行为确实"无关祖马"[1],疫情加剧的社会问题也是此次骚乱更深层的原因之一。但正如金山大学商业、法律与管理系就这一事件所组织的线上讨论中几位学者提醒我们的,不断重复"民怨驱动洗劫"这一叙事具有危险性[2],这样的叙事虽在讨论洗劫行为的"合法性",但并非所有穷人都参与洗劫,而参与洗劫的也并非只有住在棚户区的穷人。这一叙事将所有穷人笼统地当作洗劫或骚乱的(潜在)行为者,而对其过分强调可能会遮蔽政党内派系斗争造成问题这一事实。同时,现任总统拉马福萨在骚乱发生后的一次全国讲话中将其定性为"蓄意的、多方协作和精心策划的对民主的攻击",则反向遮蔽了执政党在解决贫困、失业等社会问题上的失败。拉马福萨讲话中对这次骚乱背后的"他们"具体是谁语焉不详,但"他们"不仅煽动犯罪行为、挑起种族冲突,"最糟糕的是,他们试图为了自己的利益操纵穷人和弱

---

[1] 参见 https://www.newframe.com/rioting-leaves-kzn-township-at-a-loss/,2022 年 6 月 29 日。

[2] 参与的学者包括科尔斯顿(Adele Kirsten)、斯图尔曼(Ziyanda Stuurman)、希罗博(Wandile Sihlobo)与埃弗拉特(David Everatt)。

势群体"[1]。与"食物暴乱"不同，这样的叙事中，笼统化的"穷人"——这次骚乱的主体之一——彻底失去了能动性。也许此时，我们可以将目光挪到东开普省，以小镇马坎达的"穷人"为观照，探寻讨论这一问题的新视角。

小镇马坎达的一车面包和"拒绝洗劫"宣传单

2021年7月17日，当国防军在夸省多地全副武装以防止新的骚乱，马坎达小镇"无业者运动"（Unemployed People's Movement，以下简称UPM）的成员们正在发放他们打印在A4纸上的"拒绝洗劫"宣传单。UPM最早成立于德班，现除了马坎达之外，在林波波省亦有分支。与上文提到的AbM运动一样，UPM同样是草根组织，旨在维护社会底层人士的基本生存权益，并推崇一种自下而上的民主观念。

---

[1] 参见 http://www.thepresidency.gov.za/speeches/update-president-cyril-ramaphosa-security-situation-country，2022年6月29日。

非洲折叠

和南非的许多其他城镇类似,马坎达仍然保留着种族隔离时期留下的空间结构,占据人口多数的黑人仍然住在条件恶劣的棚户区,也同样深陷就业率低和贫穷等社会问题。虽地处偏僻,但作为一年一度的国家艺术节举办地和多所学府所在地,马坎达是南非知名的大学城和艺术小镇。然而疫情之后,改为线上举办的艺术节收益锐减,学校多月未开放,主要依赖学生消费的小镇商铺也倒闭了许多,再加上市政无能,马坎达居民们面临着许多新的危机,其中最为严重的就包括供水问题。

小镇供水问题由来已久,虽有降水不足的因素,但主要还是因为市政无能腐败。尽管多年前政府就已经宣称设立专项解决用水问题,供水设施的改善升级项目却不断延滞。2021年4月之后,小镇开始限制隔日供水,但事实上,住在棚户区的居民们经常面临每隔三四天甚至一周才有供水的状况,而小镇部分区域(如一些私立中学和部分住户)却少有经历用水问题。再加上供电不足、路况差等状况,2021年5月末,曾在2019年将当地政府告上法庭的UPM与出租车协会(Taxi Association)动员并组织抗议,要求改善小镇基础设施提高市政服务水平,主要参与者为两个组织的成员及棚户区居民。这是小镇多年以来最大规模的运动。抗议者在棚户区与小镇主区衔接的拉郎格路（Raglan Road）聚集，拥向市政厅门外示威表达诉求；随后用燃烧的轮胎在通往小镇的几条公路上设置路障，开始了连续三天半的"停摆马坎达"（shutdown Makhanda）运动。在抗议期间，小镇所有超市、商铺被迫关闭，商业活动全部暂停；因学校员工被阻拦无法到校，罗德斯大学除了线上课程仍在进行，包括食堂在内的其他设施也暂停服务；政府与其他机构同样无法运行，其中包括供水部门。近一周时间，大部分小镇居民一同经历了连续多日没有供水的生活。而当地政府在抗议期间则不断发表含糊问题及推卸责任的声明，强调抗议导致供水系统无法运行。

"停摆"运动持续三天后，抗议代表与省政府代表团在小镇的1820年定居者纪念堂（1820 Settler's National Monument）会晤并达成协议，省政府代表团将于两周后到小镇视察并商议措施，抗议在此期间暂停。意料之中，两周后双方就市政服务问题并未达成协议，UPM再次发起"停摆马坎达"运动，但不到两日，市政厅以疫情为由向法庭申请紧急禁令，抗议被迫停止。

非洲折叠

在 2021 年 5 月末第一次抗议期间，马坎达曾出现几起偶发的暴力事件，其中包括一群抗议者路经罗德斯大学学生部时抢劫了一车面包。因食堂与超市关闭，学校本准备将这车面包分发给没有食物来源的学生。UPM 发表声明谴责抗议期间发生的违法行为，宣布 UPM 已不再参与组织"停摆"运动，并呼吁终止抗议。同年 7 月份，当夸省骚乱的图片与视频通过社交媒体传到马坎达时，UPM 成员劝阻了在当地计划抢劫超市的一伙人，并在夜间不携寸铁在小镇上巡逻。7 月 17 日，UPM 在棚户区与小镇主区相接的商业中心发放拒绝洗劫的宣传单并向社区民众解释其重要性，宣传单用极其朴实的语言表达道："对洗劫说不！对（社区）自我伤害说不……我们必须为水而战，我们必须为面包而战，我们必须为道路而战，我们必须为工作和生活而战。正是同一批政客，让我们饿着肚子入眠。我们必须拒绝政党。我们必须拒绝资本主义。我们必须拒绝部族主义。"[1]

正像他们所呼吁的，在 UPM 倡议下，马坎达

---

[1] 参见 https://www.newframe.com/makhanda-joins-in-rejecting-looting-and-politicians/，2022 年 6 月 29 日。

与周围两个小村镇部分居民在 5 月的抗议之后创立了"马卡那公民阵线"(Makana Citizens Front)。该阵线推崇自下而上的民主观念,每周日在棚户区的一个广场上举行会议,议程上的事宜由与会者共同商讨决定,并在会议前后告知邻里。他们旨在远离权力集中的"市政厅",在棚户区广场上进行更平等且朝向未来的民主尝试[1]。在南非工会、共产党和非国大联盟的后种族隔离时代,所谓"穷人"在执政党内似乎失去了代表,包括马坎达的 UPM 和夸省 AbM 运动在内的众多草根组织,能否为社会底层提供"非代表性斗争"的可能性?而自下而上的民主观念,又能为政治形式与社会形势不断脱节的当下带来什么样的启示呢?

"漫漫自由路"

2021 年 7 月 18 日南非这场骚乱平息的第二天,正是南非第一任民主选举的总统曼德拉的诞辰,但和

---

[1] 参见 https://www.newframe.com/fair-and-square-is-how-makana-sees-future-politics/,2022 年 6 月 29 日。

非洲折叠

以往不同,这一天格外寂静。彼时夸省仍然满地狼藉,有更多的人在这个冬日无家可归留宿街头;志愿者们在清理社区街道,许多商场门外国防军严阵以待;曾遭受歧视攻击的一个清真寺继续向周围的居民分发粮食蔬菜[1],警察则在棚户区挨家挨户搜寻被洗劫的食物和商品;这一天是小镇马坎达供水日,但因为疫情四级封锁,"马卡那公民阵线"的周日广场会议又搁置了。关于骚乱的讨论占据着公共空间,数据在不断更新,有人追问责任与正义,有人探讨重建与未来,也有人再一次感叹民主南非的幻灭。

总统拉马福萨视察了此次骚乱波及的索韦托社区,他在当日纪念曼德拉的讲话中说道:"他(曼德拉)毕生所致力的自由、平等与繁荣的社会还在建设之中。我们必须继续……斗争仍在继续。"[2] 对于南非而言,这一次骚乱在这个国家的"漫漫自由路"上意味着什么?暴力之下的受害者甚至实施者又如何在狼

---

[1] 参见 https://www.newframe.com/charitable-acts-cross-many-divides-in-kwazulu-natal/,2022 年 6 月 29 日。

[2] 参见 http://www.thepresidency.gov.za/speeches/keynote-address-president-cyril-ramaphosa-centenary-celebrations-birth-president-nelson,2022 年 6 月 29 日。

藉之上共同生存与重建未来？而对于那些遥远的被裹挟进这次骚乱的"穷人"而言，"漫漫自由路"是什么？又要以何种方式开始或继续？[1]

---

[1] 本文为南非2021年骚乱手记，原载于澎湃新闻"思想市场"栏目，略有调整。原文链接：https://www.thepaper.cn/newsDetail_forward_13801980，2021年7月31日。

4
马坎达的幽灵

/ 张丽方 /

在南非小镇马坎达读书转眼已经有五年时间。这是我第一次提笔试着为我生活的城市和每天都走过的街道留下一个侧影。作为一名艺术专业的研究者,我对小镇的知识和理解,除了基于日常生活的轨迹,也来自一件件历久弥新的艺术作品。它们以一种静默或者喧嚣的方式为我提供了小镇历史的证言,为当下眼前的生活图景添加了有力的注脚。或者更确切地说,它们本身就是小镇生动现实的一部分。久而久之,作为一名外来者的我,生活节奏也开始与小镇特殊的定位与角色绑定在一起,就像每年北半球的夏日,位于非洲大陆南端的小镇迎来规模盛大的艺术节,我所在的团队的工作室里迎来非洲各地的驻访艺术家,我的

第一部分 远方的日常

思想和情感世界也有幸因此而无限张开。

马坎达位于南非东开普省,从一百多千米外的省会城市伊丽莎白港[1]（Port Elizabeth）驱车马坎达,一路平坦开阔,直到接近目的地时才有几座山峦形成屏障,似乎把这个偏居一隅的小镇与世界隔绝开来。穿过这些屏障,就会看到坐落山顶的1820年定居者纪念堂（1820 Settler's National Monument）。顾名思义,这个纪念堂是为1820年被英帝国政府和开普殖民地当局安置到东开普省的定居者而建,于1974年落成并正式开放。这个安置政策一方面是为了缓解拿破仑战争之后英帝国内部压力,另一方面则是为了让开普殖民当局在科萨人区域拓展前沿。当你进入马坎达之后,无论在小镇的哪个角落,高耸于山顶的纪念堂都会在你视野之中,或者说,你在它的视野之中。

英国艺术家和探险家托马斯·贝恩斯（Thomas Baines）在1842年从英格兰乘船来到开普敦,之后作为风景与战地艺术家跟随英国定居者前往东开普

---

[1] 现已经改名为格贝哈（Gqeberha）。

非洲折叠

省拓展殖民边界。附属于罗德斯大学的奥尔巴尼博物馆（Albany Museum）常设展览"东开普风景画"（Landscapes of Eastern Cape），就是以贝恩斯的作品为主，其中包括他1850年在小镇所作的《格拉罕镇1850》(*Grahamstown 1850*)。与许多同时期来到非洲的其他艺术家所画的"帝国风景"类似，画面中当地人是不可见的，只有两位定居者在山顶瞭望。小镇的名称于2018年从纪念殖民者的格拉罕镇[1]正式更改为纪念当地反殖民英雄的马坎达镇[2]，遗憾的是，保存着小镇历史档案的奥尔巴尼博物馆所策划的艺术展览，却与当下的这些事件没有任何批判性互动。

风景并不外于政治。1820年定居者纪念堂替代了贝恩斯作品中的人物，自落成之日起，就在山顶俯瞰着马坎达小镇在它脚下铺开：罗德斯大学（Rhodes University）校园，主城商业街和周围绿树掩映的居民区，还有远处山腰上房屋密集的棚户

---

[1] 格拉罕上校（Colonel John Graham，1778—1821) 是1820年定居者的领导者之一。
[2] 马坎达（Makhanda 或 Makana，1780—1819）是科萨族先知和战士。

俯瞰小镇的1820年定居者纪念堂,张丽方摄影

区(township/location)[1],泾渭分明。从主城区到棚户区,不仅是建筑风格和绿化程度等城市景观的变化,更是路况、供水供电、教育资源等基础设施的巨大落差,甚至是温度和风力等级的差异:由于没有遮挡,冬天的棚户区总是比主城区更冷一些。殖民与种族隔离时期的空间结构仍然延续着,并彰显着社会经济结构。与南非民主转型之前类似,承担家政、园艺、建设等体力劳作的工人大部分生活在棚户区,他们起早来到主城区,在夜幕降临时又回到"那边"(that side)。更遑论南非的失业人群,他们大多生活于棚户区。

南非艺术家森佐·夏班古(Senzo Shabangu)2021年第一次进入马坎达,就感到这个小镇似乎被一双无形的手操控。他的作品《高处的人》(*The Man Upstairs*)描绘了他对小镇的第一印象。有意思的是,这幅画作在视觉结构上正呼应了贝恩斯的《格拉罕镇1850》:画面中心是几座典型的小镇教堂,青绿色的地面与橙红色的蓝天对照鲜明,零零散散的几个人正迈步

---

[1] 中文亦翻译为"黑人城镇"或"黑人居住区",由于有色人种集中居住的区域亦称为"township",本文且将其译作棚户区。

第一部分　远方的日常

〔南非〕森佐·夏班古：《高处的人》，张丽方摄影

走进教堂;远处山顶上端坐着一位面目模糊的男性,几乎与教堂齐高,俯视着小镇。夏班古的作品也呈现了在山顶就能看到的小镇另一大奇观:马坎达被称作"圣徒之城"(city of saints),主城区随处可见圣公会教堂,位于镇中心的就是他作品中这一座。

但夏班古并非只是对小镇景观进行简单再现。他在小镇驻留期间的作品选择将小镇典型的视觉元素陌生化以让人重新审视习以为常的环境,并聚焦于小镇移民及来自非洲各国的罗德斯大学学子,为这个在搜索引擎上被奇观所定义的小镇嵌入主体,同时表达对社会现实的批判性关怀。夏班古出生于普马兰加(Mpumalanga),在他成长的教区与接受教育的教会学校,红色是一种禁忌,除了神父以外,其他人不允许穿着任何红色的衣服。作为艺术家的夏班古却在作品中大量使用红色,质疑人们早已奉为圭臬的宗教信条。提及《高处的人》的橙红色天空,艺术家说道:"在马坎达这个转角就能见到教堂的地方,我时常问自己这些教堂对人们的信仰有什么样的影响,宗教在他们个体的日常挣扎中又发挥什么样的作用呢?"在他的另一幅作品《众志成城》(*Togerther We Can Do More*,2021)中,建筑或房屋非但不是给人温暖与

第一部分 远方的日常

〔南非〕森佐·夏班古:《众志成城》,张丽方摄影

归属感的居所,反而是失重、漂浮、变形或倒置,高高在上,与地面上的人极其疏离。这是大多数移民漂泊异乡的体验,也是夏班古自身作为外来者无法融入城市的心理写照。该作品也描绘了他在小镇经历的现实事件,即以生活在棚户区为主的居民因供水及路况等问题而进行的抗议运动。颇具讽刺意味的是,"众志成城"实际上是南非执政党的宣传标语,而这次抗议并没有什么结果。森佐的个展也不得不因此推迟,最终在两次抗议运动悬停的间隙仓促举行。

弥合或介入:公共艺术的(不)可能性?

夏班古呈现的抗议运动同样影响了同年艺术节的一个公共艺术项目。作为东开普省的文化中心,马坎达最为知名的是一年一度的南非国家艺术节(National Arts Festival)。它是南非历史最悠久、非洲大陆上规模最大的艺术节,每年6月的最后一周到7月的第一周在马坎达举办,包含视觉艺术、戏剧、音乐、舞蹈、街头表演等各种艺术形式,还有热闹的手工艺品市场。艺术节不仅是小镇的文化名片,也是马坎达重要的收入来源。1974年第一届艺术节

第一部分　远方的日常

是为了庆祝1820年定居者纪念堂正式开放而举办，此后艺术节中重要的展览及表演也都集中于纪念堂中，这样的渊源在某种程度上决定了棚户区居民的参与度。虽然之后规模不断扩大的艺术节也增加了更多免费的表演，但其吸引的主要还是收入可观的中产阶层。艺术节组委会也通过邀请棚户区艺术家、手工艺者、普通民众参与等方式尽力去改变这一状况，但历年艺术节仍有与此相关的争议与讨论。疫情之后，艺术节转为线上，南非数据流量高昂的价格使得这一盛事只能在小镇居民们毫不知情的情况下悄然过去。

2021年6月份，艺术节组委会邀请了来自南非各地的4位艺术家，以"自然更高声"（Nature is Louder）为主题，在小镇4个选定地点进行壁画创作，这是该年唯一的线下项目。有意思的是，这一公共艺术项目启动的时候，仍在疫情阴影下的小镇发生了新一轮要求改善基础设施的抗议运动。来自约翰内斯堡的艺术家利索隆奇·皮科利（Lisolomzi Pikoli）创作的墙面正是位于每日抗议运动的中心——拉郎格路（Raglan Road）与博福特街（Beaufort Street）的交界处，皮科利到达小镇后不得不等待抗议结束再前往创作。这一遭遇不禁让人思考，公共艺

非洲折叠

术如何公共？一方面，在政治运动如火如荼之时，自然如何更高声？壁画本是基于特定空间的艺术，但组委会选定的主题是否与其所在空间失去了相关性？另一方面，尽管组委会选择了4个地点，但却没有覆盖棚户区。离棚户区最近的就是皮科利创作的墙面，它在主城区的边界，遥遥望着对面的棚户区。

作为小镇公共文化景观的定居者纪念碑同样立于城中。小镇主街（High Street）两端连接着罗德斯大学拱门和小镇中心的大教堂，并略微延伸到教堂后的广场，再往前几十米就是小镇主城区与棚户区的分界线。除了两个以百货超市为中心的小商圈外，小镇大部分商铺及市政厅、银行和邮局等办公场所都集中在主街两侧。工作日的时候这条街上颇为热闹，往来车辆频繁，人行道上也有若干卖蔬菜水果和鞋帽的小摊贩。而从早到晚最为忙碌的是一群依靠往来车辆谋生的青年，他们被称为"街头男孩"（street boys），尽管其中也有少数女性。远远看到刹车降速的车辆，他们会迅速奔跑过去，帮助锁定泊车位置；车辆启动时，一定会有某位街头男孩已在车窗前等候。大部分车主会在车上放些硬币，但有时候也会摆摆手拒绝。这些通过小费缔结的关系并不稳定，也不包含信任，其建立的基础与其说是"看车服务"的市场需求,不如说是对这些青年失学失业背后的南非历史及当下现实的认知。

主街中间有一条绿化带,树丛中隐藏着几座小型雕塑,若只在路过时匆匆一瞥,大概会以为是配合花木的装饰。一座石柱搭成的门形纪念碑正对着罗德斯大学拱门,这是最初的1820年定居者纪念碑。邻近教堂的1812纪念碑是为了庆祝格拉罕在对科萨族战争中获得胜利,他曾在此种下一棵树以象征殖民事业生根发芽、未来果实惠及所有定居者。石碑一面是浮雕,画面中手握盾牌和矛的科萨人惊恐地仰望着格拉罕;另一面则刻着:"在此处的这棵树下,格拉罕中校与斯托肯斯特伦上尉就格拉罕镇(Grahamstown)的地点作出决策。1812年6月。"有人在这句碑文下用红色颜料写就醒目的"西尼"(E-Rhini),以当地科萨人祖辈对此地的称呼对抗纪念碑上殖民视角的历史叙事。

2016年,在学生运动的喧嚣中,青年艺术家斯库姆布左·马坎杜拉(Sikumbuzo Makandula)通过表演艺术作品《愤怒》(Ingqumbo)介入主街上

非洲折叠

〔南非〕皮科利创作的壁画及几米之外抗议运动留下的灰烬，张丽方摄影

主街上的1820年定居者纪念碑，张丽方摄影

第一部分　远方的日常

主街上的 1812 纪念碑及细节，张丽方摄影

〔南非〕斯库姆布左·马坎杜拉:《愤怒》，斯库姆布左·马坎杜拉供图

这段肉身化的历史。马坎杜拉从大教堂门外开始他的仪式，他在一个头骨上点燃一炷香，对着观众摇响手中的铃铛，并将一件红色的礼拜衣投入火中。当马坎杜拉带领着手握红烛的观众们走到1812纪念碑时，他用科萨族仪式中常用的红土在石碑上写下那些反抗殖民者的祖先的姓名。这一时刻不仅是马坎杜拉对历史的挖掘，更是他对祖先的召唤，以对抗仍然缠绕着马坎达的历史幽灵。马坎杜拉最后走进罗德斯大学的拱门，消失于黑暗之中。也许某个家政工人或街头男孩也参与了这场仪式，然后同以往一样重复着祖辈的日常路线：他们将结束白昼在小镇中心的工作，趁夜回到棚户区，消失于和艺术家反方向的黑暗之中。

幽灵侵袭：负重前行的青年

南非殖民与种族隔离的历史对当下的形塑不仅是宏观的和结构性的，而且深刻地影响着每一个青年个体的生命经验。来自马坎达"那边"的青年艺术家薇维·马丁达（Viwe Madinda）出生于约萨（Joza）——离主城区最远的棚户区，她的成长过程既是物理意义上从"那边"向"这边"的不断迁移，亦是在难以弥合的两个空间中对个人身份与存在的不断探索。马丁达曾在访谈中回溯自己的成长历程:她的母亲是位科萨语教师,而主修西方课程的中学却不允许她说科萨语;教堂也否定她本该继承的科萨文化传统。年幼的她努力地向这些规定靠近,当她终于来到相对多元和自由的大学之后,却也突然进入对她作为"黑人女性"的期待之中,这些使她无所适从,甚至一度陷入精神与身份危机。

2019年艺术节期间,她依据自己在小镇的个人成长经验,完成了表演作品《从前……》(*Kwathi Kaloku Ngatsomi*,科萨语)[1],她母亲及邻里的参与使得这件作品十分动人。马丁达的母亲不仅在日常生活和科萨传统文化方面引导她,更是由始至终支持她的艺术实践,马丁达大部分作品中的服装都是她母亲制作完成。表演伊始,马丁达和母亲沿着罗德斯大学的卢卡斯大道(Lucas Avenue)缓缓向上走,并用科萨语不断重复着他们每日出门前祈祷护佑的祷告语。到达1820年定居者纪念堂所在的枪炮山

---

[1] 马丁达认为该短语很难直译,相当于英文"once upon a time",是科萨语中讲述故事的开头语,故译作"从前"。

非洲折叠

(Gunfire Hill)山脚后,马丁达在母亲的帮助下进行传统清洁与疗愈仪式;随后,母亲把用来探路的木杖交给马丁达,马丁达手指1820年定居者纪念堂,离开母亲,开始独自攀爬的旅程;她从山路进入树丛,接着爬到一块大岩石上。马丁达娇小的身躯矗立在枪炮山山腰,用木杖指着她成长的棚户区。片刻之后,她从观众们泪眼模糊的视野之中消失。

"行走"(walk)作为主要形式及隐喻是这件作品的核心,这不仅是她成长、挣扎及与外界不断协商的过程,也是她自我探索、从困惑与身份危机中治愈并构建新认同的漫漫长路。马丁达分别指向纪念堂和约萨方向的两次动作意味深长。对于来自棚户区的马丁达而言,纪念堂既是有出入限制的无法企及之处,又是作为大学毕业典礼举办场所的必达之地。她渴望领着伙伴一路朝着纪念堂方向行走,打破内在或社会的疆界,让他们中的更多人也能够抵达。在山腰处指着约萨,则是希望自己能将所学知识带回棚户区,而自己结合本土知识的艺术实践经验也能给自己的社区带来启发。在马丁达的艺术中,社区与本土知识体系并非概念,社区是由她所熟悉的个体组成,他们中的许多都见证甚至参与了她的艺术作品;而本土知识体

第一部分 远方的日常

〔南非〕薇维·马丁达:《从前……》,巴纳巴斯·姆乌提(Barnabas Muvhuti)摄影

系则体现在她的仪式、器物、语言甚至服装的颜色上。也正因如此，她以身体为媒介的作品既能够被艺术爱好与研究者所理解，也能够抵达她社区中的同行者。

尾声：一个外来者？

在小镇的生活已经进入第五个年头，按理说，着笔给小镇写个传记应该是轻而易举的事。然而无论是新奇、疏离、压抑或者归属，我对小镇复杂并时刻变化的感受总是阻碍我运笔，甚至阻碍我思考它。而小镇本身似乎也在拒斥我对它的书写，每当我试图用一个句子描述它，另一个充满悖论性的句子就会同时出现，开始质疑或干扰我从自己的切身经验中得出任何结论性的陈述。我感到自己的任何书写，都可能是某种程度上对事实的歪曲。于是最终决定从吸引我来到此地的艺术出发，也许那些存在过并将长久存在的、与此地息息相关的艺术作品，能为这个时常悬浮在时空中的小镇打开一个隐秘的入口。我所想去理解的这些艺术家与作品，是这个入口显示其存在的万千光束之一。借着这个光束，我辨认出小镇挥之不去的"幽

第一部分 远方的日常

灵"。这个幽灵是精神的也是肉身的,它显形于小镇的日常,并笼罩着我这个外乡人的记忆。

由于前两年疫情封锁等原因,我直到今年才真正开始结交一些来自或暂居本地的南非朋友。和他们聊天,总是少不了讨论政治历史,我这个曾经历史感极其薄弱且对政治议题无甚兴趣的外来者,也逐渐开始理解历史的幽灵如何侵袭他们的身体与精神,而他们在负重前行的过程中又如何通过极其有限的资源不断介入、反抗和得到治愈。拨开云雾之后,我才意识到,有时他们激烈的政治表达,其内核实则是爱与关怀,是彼此间的相互照应。我也极其幸运地被一个小群体接纳,与他们建立个体层面的连接,成为彼此关怀的一部分。正是这些日常交往与对话,不仅将我带进小镇若隐若现的脉动中,也让我开始真正感到自己生活在此处。

第二部分

流动的异乡

5
中国编织袋与全球南方的跨国流动

/ 程莹 /

在非洲日常生活中,中国编织袋已不可或缺。由于被跨境流动的移民和商贩用以包装和储存物品,中国编织袋成为个人表达、身份塑造和文化协商的象征物品。非洲艺术家也借助编织袋,表达中国制造与"全球南方"之间的复杂关系。

当代非洲视觉文化和非洲艺术家的艺术实践中,有一"中国制造"的元素颇引人注目。在诸如诺布科·恩卡巴(Nobukhho Nqaba)、丹·霍特(Dan Halter)和杰拉尔德·马科纳(Gerald Machona)等非洲艺术家的艺术作品中,我们可以看到一种来自中国的彩印塑料编织袋占据突出地位。这种一般由

非洲折叠

红色、蓝色和白色聚丙烯纤维制成的编织袋在非洲通常被称为"中国袋"或"中国手提袋"（Chinese tote）。因其轻便、结实、价格实惠，经常被跨境流动的移民和商贩用以包装和储存行李。以"中国袋"为主要元素的非洲当代艺术作品，利用摄影、装置、视频和表演等不同形式，参与或干预画廊、博物馆和街道等公共空间。这些艺术作品在不同层面上有助于我们介入"全球南方"（Global South）背景下学界有关移民、关系和身份的辩论。在此，"南方"不再被视作一种稳定的地缘政治秩序，而是一个关乎流动、过渡和转换的概念。"中国袋"从一种日常物件转变为带有社会政治意涵的艺术作品，体现出一种变化与抵抗的意涵；这个转变过程所暗示的"南方"，并不指向一个固定的目的地。

在这些日常艺术实践中，"中国袋"作为一种颇具象征色彩的潜台词出现。它不再仅仅是一种旅行用品，更在个人表达、身份塑造和文化协商层面发挥作用。这类编织袋体现出一种永恒的流动属性，是当今非洲大陆不可或缺的一种生活面向。此外，正如"中国袋"这一名称所明示的，在这些揭示令人困惑的迁移和流动模式的艺术项目中，不可忽视的背景是中国过去几十年来在非洲不断增强的"存在感"（presence）。伴随着移民经验和流通理论与日俱增，这些关于"中国袋"的艺术作品的生产和流动，不仅展示出对跨国历史和非洲真实日常生活的微妙洞察，更为重新思考"全球南方"话语下为人熟知的流动范式开辟了新的可能性。

"流动"

作为一个处于流动中的"普通物件"，"中国袋"是一个意涵颇为丰富的譬喻，表达出非洲日常生活空间中的多层"流动"含义。最近学术界对诸如"流动性转向"或"新的流动范式"等流动性研究的兴趣，已经表明我们的主体性、叙述方式和意识形态，不仅与"我们住在哪儿"有关，更被"我们如何移动"所影响。克雷斯韦尔（Cresswell）认为，"流动"不仅在现代世界中无处不在，更对我们如何理解世界极其重要。"它在关于身体和社会的讨论中发挥着核心作用，贯穿了当代的城市理论。"在这个流动的时代，生存本身就是一种"归属感和流动的复杂交叠"。许多人，不管他们是否正处于流动之中，都会发现他们自己生活在"家庭和流动的交叉点上"。

虽然"流动"在现代世界中具有公认的重要性,"全球南方"背景下对流动性动态变化的讨论仍是一个被忽视的话题。"流动"通常被认为是现代性的一项基本原则,或是西方世界全球化的一个显著特征,但"全球南方"的人口流动却常被认为是受限的、被动的、经常和创伤经历捆绑在一起的。然而,与国际主流媒体所大肆宣扬的印象相反,大多数全球性移动是在区域内进行的,发生在诸如苏联、南亚和西非国家内部。尽管"南南流动"现象及其对跨国流动的影响显著,今天学界关于移民和流动的讨论,却依然主要集中在发达国家的内部,或者是从发展中国家到发达国家的单向流动。

在这篇文章中,笔者将挑战这种已为人熟知的流动范式,并证明流动性和流通从过去到现在一直是"全球南方"历史和当代经验的一部分。我们不妨借用南非艺术家恩卡巴的比喻"此(编织)袋是吾乡",来探索非洲大陆内外流动的复杂经验:非洲大陆内外日益丰富的流动路径和模式是什么?人们如何通过文化、图像和物件的交叉流动来确定个人归属?这种"居住

第二部分　流动的异乡

在移动中"的生存经验如何帮助我们理解"全球南方"是一个不断流转的空间？

这些问题，反过来又引发了其他问题。"中国编织袋"这个寻常物件及其命名模式，如何阐明日常空间和它们流通的各种轨迹？年轻的非洲艺术家们，如何通过回收这些物件并将其转化为艺术作品，来对非洲流动人口在非洲社会的挣扎体验发表评论？一些艺术家使用"中国袋"来反映当前全球社会经济的新变化，以及这些新变化是如何被编织进日益密切的中非交往话语的？解决这些问题，可以更细致地反映非洲内外流通和移动的多种轨迹，包括艺术作品作为商品的流通。将此置于最近关于跨越非洲大陆的人口迁移问题讨论的背景下，对非洲日常物件及其空间轨迹的研究可以从更加细微的视角丰富我们对全球迁移和流动范式的理解。

"为物立传"：流动性、物质文化和物件的能动性

为了探索"全球南方"话语背景下关于流动

非洲折叠

性和非流动性的政治，我们不仅需要观察人类的流动，还必须追寻物件的流通。最近，关于人与物关系的研究对物与商品的社会语境比较关注。马莱维茨（Malewitz）写道："这种社会学类比最引人注目的地方是，物件像人一样，受制于持续历史的偶然性而非起源逻辑的决定论。"研究物件的理论家认为，物质文化同样是通过物件的社会意义和使用价值的变化来实现构建和重建的。在方法上，本文强调的是象征性文化物件所处的语境——托马斯（Thomas）将这种方法称之为"再语境化"，以期由此观察非洲大陆内外不同地方之间复杂的联系和不断变化的边界。正如阿普杜莱（Appadurai）所建议的："只有通过对这些路径的分析，我们才能解释人类的交易和计算如何'活化'物件……正是流通中的物件阐明了它们所处的人类社会语境。"这样看来，作为流通中的物件，对"中国编织袋"的研究有助于我们理解它所处的空间和文化实践，以及非洲大陆人民流转迁徙的日常生活轨迹。

物件处于不断的变化之中，这是阿普杜莱呼吁开展针对物件"生活史"研究的原因。值得注意的是，物件的日常运动不仅是物质的，也是"艺术的和美学的"。艺术作品在帮助理解流动性方面有潜在的生产力。在《艺术的能动性》(Art and Agency，1998)中，阿尔弗莱德·盖尔（Alfred Gell）提醒我们注意物件（包括艺术品）的能动性是"一个社会行动的系统"。他认为，物件不仅具有诸如像财富或商品等不同的身份，还可能与注视、拥有和使用它的人形成"互动"。盖尔断言，艺术生产是为了影响他人的思想和行为——艺术家们创作艺术作品，是为了以物件的形式来传播他们自己的人格或观念。而这些物件具有能动作用，因为它们能够产生效果，并唤起观众的情感回应。阿普杜莱向我们展示了一种研究物件的新方法——他的方法强调了物件商品化和失去个性的过程，而盖尔关注的是物件被赋予个性并可能产生影响的过程。这些阐释的不同面向，可以帮助我们更全面地接近和理解从日常材料到艺术作品的转变过程。

追踪物件的社会生活，"为物立传"，包括研究物件如何转化为艺术作品，给我们提供了一种理解物件的独特方式，即物件如何在特定的流通环境中展现出变化的空间结构和复杂的权力关系。基于阿普杜莱、盖尔和厄里的观点，笔者认为对物品流通的研究，包括日常物品如何转化为具有集体价值和批判能动性的艺术作品，可以帮助我们洞察流动的复杂范式、快速变化的社会关系以及当代非洲身份错位的政治；在非洲，促进社会文化变革的动力"如此难以控制、不可预测、混杂交错，但却充满了令人讶异的可能性"[1]。

为编织袋命名："想要生活在此处，而此处往往是他乡"

"中国袋"在世界各地拥有许多不同的名字，例如在英国叫"孟加拉袋"，在德国叫"土耳其袋"或"土耳其棺材"，在美国叫"墨西哥袋""加勒比海的新秀丽"等。这些命名模式，总是与迁移的主体和轨迹相关联，反映出人、物件和观念是如何跨越国界的。某种程度上，它们已经成为世界人民迁徙的象征。编织袋不仅仅是跨越国界的，在国家内部也同样存在。编织袋的命名所呈现的地理文化差异，表现出当前经济和社会发展进程中的空间安置逻辑，以及当今世界复杂的流动和迁移网络。

---

[1] Pieterse, Edgar. 2013. "Introducing Rogue Urbanism." In *Rogue Urbanism: Emergent African Cities*, edited by E. Pieterse and A.M. Simone . Johannesburg: Jacana, p.13.

第二部分　流动的异乡

值得注意的是，这些袋子大部分是中国制造的，在全国各地的火车站和汽车站随处可见。

另一个将这种袋子与特定人群联系在一起的命名模式，是尼日利亚境内比较流行的"加纳人必须离开袋"（Ghana Must Go bag）。这个名字，与尼日利亚政府在20世纪80年代驱逐加纳人的历史政策有关。20世纪70年代，大量原油资源使得尼日利亚经济上行，与此同时，加纳经历着严重的经济衰退。西非国家的许多公民，特别是加纳人，相继涌入尼日利亚。但好景不长，尼日利亚经济在20世纪80年代初因油价降低陷入低迷，就业机会变得稀缺。1983年1月，尼日利亚联邦政府向加纳人和其他非洲国家移民发出驱逐令，要求他们返回本国。据估计，超过100万加纳人被迫将他们的个人物品打包，离开尼日利亚。因为许多加纳人用这种编织袋运输他们的物品，尼日利亚人把它们命名为"加纳人必须离开袋"。尽管这个词源于三十多年前的一次政治事件，但它沿用至今，并在西非的社会文化讨论中一再呈现。例如，加纳裔作家黛叶·塞拉西（Taiye Selasi）于2013年出版的小说《加纳人必须离开》（*Ghana Must Go*）和尼日利亚电影制作人弗兰克·拉贾·阿拉斯（Frank

非洲折叠

2008年春节,农民工返乡潮,摄于南京火车站。
图片来源:张耘,CNS

第二部分　流动的异乡

Rajah Arase）于 2016 年首播的同名"诺莱坞"（Nollywood）喜剧，都是以编织袋为题引，讲述加纳与尼日利亚家庭和移民的故事。

在南非，这些袋子通常被称为"中国袋"和"津巴布韦袋"，此外还有一些基于使用者地缘身份的名称。例如，"马桑加尼袋"（Mashangani）这种命名出自林波波省东部的桑加尼人（Shangani）。祖鲁人将这类袋子命名为"Khonza ekhaya"，意为"再见，家"。由此可见，这些命名模式，总是暗示着人类移动和相遇的不同轨迹。

地理学家认为流动性是一种重要的日常生活实践，它产生了意义和文化，是现代社会的一个重要方面。然而，这些袋子的命名模式提醒我们，流动性和非流动性是辩证发生的。如果不注意观察形成和引发流动的那些必要的静止空间、基础设施和体制结构，就无法描述移动性。根据汉南（Hannam）、谢尔（Sheller）和厄里（Urry）的说法：

> 没有广泛的"停滞"（非流动性）系统，就没有线性增长的流动性，与此同时，更灵

非洲折叠

"中国袋",摄于约翰内斯堡新中国批发市场,程莹摄影

第二部分 流动的异乡

活多元的变动、空间形式的多态性和重叠的监管制度是不断增加的。考虑到"流动性"作为不平等权利关系的一个重要面向,我们可以称之为实现不同程度的流动性所必须付出的代价。[1]

为一部分人提供流动性的新技术和平台,必然会增加另一部分人的停滞性。因此,重要的是要注意到不同层级和方向的流动性反映甚至巩固了权力和地位的结构等级。"中国袋"的命名模式,意味着"这里"和"那里"之间具有不同空间的关系性,在很大程度上,这种命名指向南方和北方之间的关联。

作为自愿或非自愿的、长途迁徙或本土移民的象征,"中国袋"质疑了我们对流动性的既有认识,这种物件的意涵也揭示出流动性并不总是和"现代"与"进步"的概念相关。在"全球南方"的语境中,流动性是一个非常矛盾和暂时的概念:流动性的增长并不总是代表着进步或解放,相反,无论是在中国、西非还

---

[1] Hannam, K., Sheller, M., and Urry, J. 2006. "Mobilities, Immobilities and Moorings". *Mobilities* 1(1), p. 3.

是南部非洲，这类编织袋的命名都带有一种天然的疏离感与陌生感。它经常指向"此处"和"别处"的悖论——想要生活在此处，而此处往往是他乡。编织袋的材质，具有高度的象征性和深刻的日常性，代表了流动人群矛盾、复杂的生命体验，因而这些以编织袋为材质的艺术作品，也显得平易近人又意涵丰富。

为移动中的大陆绘图：
艺术家对"中国编织袋"的回收利用

几位非洲艺术家最近的艺术项目中，"中国袋"被呈现为一种核心的视觉符号，如恩卡巴的《此袋即吾乡》(*Umakhenkethe Likhaya Lam*, 2012)、多顿·马坤（Dotun Makun）的"加纳人必须离开"系列肖像（Ghana-must-go portraits, 2012）、丹·霍特的《空间入侵者》(*Space Invader 2010*, 2015)等。作为常常与流动人口相联系的一种标识性物件，艺术作品中的编织袋成为一种颇具挑衅性的视觉符号，精准地捕捉到一些非洲城市生活的景观，以及日常生活中那些令人费解和不安的经历。

第二部分　流动的异乡

恩卡巴的作品《此袋即吾乡》(*Umaskhhenketch Likaya Lam*，2012)，可直译为"这个编织袋就是我的家"。"Unommgcana"或"umaskhenketha"指的是科萨语中的"编织袋"，"unumcana"的意思是"条纹状的"，"umaskhenketch"的意思是"旅行者"。这一系列摄影作品，也被称为"中国编织袋项目"，艺术家通过这个项目探索其在南非生活和迁徙的个体经历。

恩卡巴于1992年出生在东开普省的巴特沃斯(Butterworth)，后来搬到格拉鲍(Grabouw)，她在那儿的农场学校待了三年。2012年，恩卡巴从开普敦大学米切里斯美术学院毕业，目前居住在开普敦。这个项目重温了艺术家与编织袋共同成长的记忆，也反映了她在南非的移民生涯。对于恩卡巴来说，这个平凡的物件代表着过去的记忆，和在迁徙中挣扎的童年经验：

> 我经历了许多迁徙的挑战，花了很长时间才适应新生活。我的成长环境中似乎总是伴随着编织袋。我记得当我的母亲(在格拉鲍工作)在淡季回家时，会带一些"慰问品"回来，

> 诸如一只塞满了洋葱的半生不熟的烤鸡,很多苹果和一些衣服。在学校放假期间,我会去格拉鲍,我父亲就用编织袋打包我的行李。这种袋子是许多从东开普省到开普敦的旅人的必备。在朗加(Langa)公共汽车总站,大量的编织袋子堆叠在一起,上面写着人们的名字,以避免弄错或丢失。[1]

恩卡巴在工作室里重建了一个被这些"中国袋"填满的内部空间。她在新的语境下通过重塑空间再现了自己的生活——这个空间里到处都是显眼的、纵横交错的十字网格图案。由于她经常不得不把自己所有的东西都装进这样一个袋子里,于是渐渐地就把袋子看作了一个家。在一系列画面中,观众可以看到鞋子、枕头、被子、书籍和红蓝白线织就的围裙。这些由"中国袋"制成的物品构成了一个"流动"的家园,挑战了传统观念中人们将"家"作为一个更稳定的空间的看法。"中国袋"在此代表了南非流动居民不断迁移的普遍经验。正如恩卡巴所说:"这个问题动摇了社

---

[1] 参见 http://www.nobukhonqaba.com/umaskhen-kethe-likhaya-lam-1/,2015年6月11日。

区的概念,给迁徙的人和目的地人群带来了恐惧、沮丧和不适。"

恩卡巴的作品探索了南非境内的人口迁移,而艺术家霍特则用这些袋子来比喻逃往南非的津巴布韦人的生活经历。这位艺术家以20世纪80年代的街机游戏《空间入侵者》命名他的作品。霍特挪用了西角友宏(Tomohiro Nishikado)设计的外星战斗人员的图像,将填充得鼓鼓囊囊的"津巴布韦袋子"与非洲其他国家移民在南非面临的敌意和遭遇的种族排外事件联系起来。这个项目展示了"外星人"(alien)这个词的双关含义:在这个充斥着边界竞争的世界中,这个术语已经成为一种圆滑委婉地描述移民的说法,并被赋予了一种极端的他者性。

这些袋子,也出现在一系列有关车站和码头的短片中。这些车站在南非就类似于"入境口岸",例如,约翰内斯堡的一个主要出租车站,在这些地方,大量的编织袋行李成为难民身份的一种标识——在排外主义者狭隘的目光中,"人沦落为'空间入侵者'"。艺术家对特定地点的选择和袋子的特殊陈列形式,让人很容易就想到南非某些地区强烈的排外情绪,以及整

非洲折叠

〔南非〕诺布科·恩卡巴:《此袋是吾乡》,诺布科·恩卡巴及其代理画廊供图

〔津巴布韦〕丹·霍特:《空间入侵者》(约 300 个填充塑料编织袋),丹·霍特供图

第二部分　流动的异乡

个南部非洲很普遍的迁移模式。

在尼日利亚艺术家多顿·马坤策划的"加纳人必须离开"系列肖像展中,"中国袋"勾画了非洲大陆的另一条流动路线——西非和南非之间的迁移。马坤在南非生活和学习期间创作了这个系列。他在"表面上描绘了一些尼日利亚人",而实际上这些人是来自非洲不同国家、目前生活在南非格拉罕镇的移民。在南非种族排外的语境中,尼日利亚人总被认为因具有一些独特的面部特征而遭到排斥。艺术家不满于人们的这种刻板印象,他以"加纳人必须离开"的蓝白相间的编织袋为背景,提醒观众铭记1983年被强行驱逐的加纳难民的历史。这些作品批判了一些盲目排外的南非人,他们对涌入南非的外国移民持有的观点轻率且武断——"尼日利亚人"成了外国人的通称,"尼日利亚人"的面部特征成为外国人的标志。

马坤的作品也反映了社会语境会影响观众对艺术作品的解读。作为2011年马坤策划的"异城志"(ALIEN-Nation)展览的一部分,"加纳人必须离开"系列肖像和这些肖像中反复出现的编织袋图案的意涵进一步复杂化了。除了指涉20世纪80年代的历史事件，它还提醒人们注意南非当下的社会环境——尼日利亚人正受到各种形式的误解和诽谤。

三位艺术家通过编织袋符号，探讨了"异乡人"和"陌生人"的含义，以及这种符号如何成为当代南非身份政治中"非本地身份"的象征。霍特的作品，处理了"错位的民族身份观念和南部非洲黑色幽默般的社会现实，这在很大程度上说明种族压迫的历史今天仍在上演"[1]。

这些艺术作品围绕"中国编织袋"进行创作，通过表达普通非洲人——比如，一位生活在开普敦但来自于东开普省的南非人，一位居住在约翰内斯堡的津巴布韦人，或是一位工作在格拉罕镇的尼日利亚人——的挣扎闯荡经验，对不断变化的人口流动进行深刻的洞察和反思。对他们来说，"中国袋"已经成为一种流离失所记忆的表征。恩卡巴在《此袋即吾乡》的展览导言中说：

> 我和这个袋子有一种爱恨交织的关系，

---

[1] 参见 http://dan-halter.com/text/statement/，2015 年 6 月 20 日。

第二部分　流动的异乡

〔津巴布韦〕丹·霍特:《空间入侵者》(约翰内斯堡的出租车车站入口),丹·霍特供图

〔尼日利亚〕多顿·马坤:"加纳人必须离开"系列肖像,多顿·马坤供图

> 对我来说，它是挣扎的象征……与此同时，它提醒着我来自哪里，赋予我更多动力去成就生活。在我的童年生活和人生旅途中，编织袋一直是我的伴侣，也是我的慰藉与家园。[1]

从这个意义上来说，"中国袋"隐喻了非洲大陆普通移民群体面临的悖论。一方面，编织袋象征移民颠沛流离的痛苦经历；另一方面，也象征了一种在不同空间和文化环境中的迁移与流动的能力。值得一提的是，这些作品拒绝将非洲的迁徙简化为一种创伤经验。例如，在恩卡巴的作品中，"中国袋"变成了一种具有能动性的材料。对恩卡巴来说，"中国袋"使她想起母亲，母亲是她生活中的关键人物，同时也是家庭的支柱。在这个系列中，"中国袋"建构起一种移动的空间：观众看到艺术家用编织袋制成的物品行走、睡觉、阅读和烹饪，借此直面和重新反思材质的固有价值。通过这种方式，物件通过与观众互动而具有了能动性。"中国编织袋"所内含的"转瞬即逝"的意味，暗示着非洲大陆的流动性状态。这也从一种层面上印证了姆边贝（Mbembe）的观点，他将非洲阐释为"一

---

[1] 参见 http://artmeets.agency/nobukho-nqaba/，2015 年 7 月 20 日。

种过渡与流通的哲学场域"[1]。他曾断言,"黑格尔及其信徒暗示非洲是一个封闭的大陆,这完全不对。非洲始终是一个不断移动的大陆"[2]。

编织袋与"fong kong":从物质文化的视角解读中非关系

在这一部分中,笔者将研究非洲艺术家如何借用"中国编织袋"来评论当前非洲的社会语境,特别是中国在非洲的存在感这一问题。随着中国在非洲对外贸易中占据越来越大的市场份额,中国人作为投资者和进出口商进入非洲,这成为一个颇具讨论性的话题。与其他经济和政治领域对中非关系的讨论不同,笔者讨论的艺术项目主要关注的是中非交往所带来的社会和文化后果。

---

[1] Mbembe, Achille. 2010. *Sortir de la grande nuit.* Paris: La Découverte, p. 224.
[2] Blaser, Thomas M. 2013. "Africa and the Future: An Interview with Achille Mbembe."参见 http://africasacountry.com/2013/11/africa-and-the-future-an-interview-with-achille-mbembe/ 2016 年 9 月 10 日。

"中国袋"在格拉罕镇国家艺术节的"开路:来自南非和中国的当代艺术"(2012)展览中占据了显著位置。该展览旨在在不断变化的"全球南方"语境中就文化多样性展开新的对话。策展人露丝·辛巴奥(Ruth Simbao)称,"making way"一词引用了中国的概念"开路"(开辟新的道路)和科萨短语"打开道路"(uku-vul'indlela)的说法,汇集了一系列有关迁移、旅行和流动的作品。除了将编织袋解读为迁徙征途中的一个重要视觉符号之外,霍特和马克纳(Machona)等艺术家还借此指涉了袋子的制造商,并提醒人们注意中国在当今非洲不断变化的位置。

这些以"中国袋"为特色的艺术作品可以被解释为"一种工具性的行动方式",有可能对观众产生影响,促使他们思考中非交往中的权力关系。物件的可塑性与意义多元性,都与盖尔所说的艺术作品的"能动性"相关联。这些艺术家利用"中国袋"来引发一些有关中非议题的辩论,并以这种方式赋予普通物体和日常活动以一定的政治意涵。

一些艺术家将"中国袋"阐释为"fong kong"

或"zhing zhong",来强调进口中国产品对当地经济的影响。南非的"fong kong"一词(以及津巴布韦的"zhing zhong"一词),经常用以指称廉价中国制造商品。1998年,在中国和非洲大陆关系日益密切的背景下,饥饿男孩乐队(Hunger Boys)的歌曲"*Fong Kong*"在南非走红。类似地,在津巴布韦音乐家华莱士·奇里莫(Wallace Chirimuko)的《中国制造》中,这位歌手用"zhing zhong"作为隐喻表达津巴布韦普通民众对中国在非经济活动的看法。作为"中国制造"的俚语代称,"fong kong"和"zhing zhong"已经成为南部非洲日常话语的一部分。根据朴正允(Yoon Jung Park)的研究,"fong kong"已经被广泛接受,当地说唱歌曲、记者和营销公司经常使用这个词。"zhing zhong"和"fong kong"通常指涉被装在"中国编织袋"里、由中国商人携带入境的产品。

津巴布韦艺术家马克纳在他受"开路"展览委托制作的"中国制造,与爱同行"(Made in China, With Love)项目中,用编织袋来展示材质的价值和敏感性。辛宝的文章记录了他在"开路"展览中的表演过程:

非洲折叠

> 马克纳小心翼翼地将一些三维物件缝合在一起,比如用已作废的津巴布韦美元制成的钱包、手表、一副太阳镜和袋子,并在上面缝上一个标签,写着"中国制造"。然后,他试图让观众参与到一个有趣的交易过程中,比如如果他们唱国歌,就可以获得一件他制作精美的物品……马克纳在表演中与赞比亚学生奇燕塔·姆文雅(Chiyanta Mwenya)合作,姆文雅首先将马克纳藏在一个编织袋里,并将他推到画廊中。姆文雅曾作为留学生在中国待了很长时间,学会了普通话。在表演中,他随意地对着观众说中文,好像期待观众能听明白他的发言……

艺术家回收已被淘汰、不再流通的津巴布韦元,小心翼翼地将它们缝合成三维艺术品。他将具有"艺术品"价值的手工制品与大规模生产的中国产品("zhing zhong"或"fong kong")进行对比,在当地,有人认为这些中国产品"正在扼杀津巴布韦民间工艺品行业"。

马克纳经常借用不同的纸币来参与当前关于全球

第二部分　流动的异乡

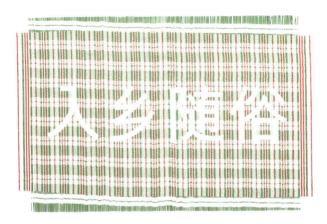

〔津巴布韦〕丹·霍特:《走出去/走向全球》(手工编织材料加喷墨打印),丹·霍特供图

〔津巴布韦〕马克纳:《来自中国,与爱同行》(罗德斯大学校友画廊的表演艺术),马克·威尔比(Mark Wilby)供图

非洲折叠

贸易和人口流动的辩论。他在实践中反复采用已淘汰的津巴布韦纸币作为艺术媒介，将本国历史和当下的社会议题联系起来。2000—2009年，津巴布韦经历了惨痛的经济崩溃，并印制了有史以来最大面值的纸币——100万亿津巴布韦币。在一次采访中，马克纳指出："恶性通货膨胀导致货币功能失调，于是，我很快发现自己有了大量的艺术创作素材。"他的作品《中国制造，与爱同行》反映了中国与津巴布韦和其他非洲国家日益密切的经济联系。

霍特最近的作品《走出去／走向全球》（*Go Out/Go Global*）以更直接的方式回应了中非交往。霍特在编织袋上打印了三个巨大的中国汉字——"走出去"。在对这幅作品的介绍中，霍特指出，"大多数国家倾向于积极吸引外来投资，而且只会被动支持对外投资。然而，中国政府则同时重视外来投资和对外投资"。这项艺术作品，呈现了中国政府的"走出去"政策——鼓励自己的企业到海外投资，在非洲大陆探索新的机遇。值得注意的是，和前面提到的艺术家马克纳的作品类似，霍特的作品也彰显出大规模生产和定制作品间的对立关系。他用古玩工艺品针砭津巴布韦货币的恶性通货膨胀，重新诠释劳动和价值的概念。

第二部分　流动的异乡

笔者注意到，近年来越来越多的非洲艺术家开始通过在他们的艺术项目中回收日常用品，思考中国在非洲的存在。尼日利亚艺术家阿尤·阿金汪德（Ayo Akinwande）的作品《赢得—Win》系列（2017）提供了另一个例子，通过对日常事物的改造利用来将中非关系的议题物质化。

阿金汪德作品的主要材料是尼日利亚最大的水泥制造商丹格特（Dangote）公司的废弃水泥袋。艺术家从建筑工地上找来这些袋子，将它们制作成"阿巴达"（Agbada）——尼日利亚西南部和贝宁共和国约鲁巴人穿的一种传统服装。阿金汪德的装置包括一件巨大的外袍（awosoke）、一件背心（awotele）和一顶帽子（fila）。外袍包含一条铝带，上面刻有"CCECC"字样，这几个字母是中国土木工程建筑公司的首字母缩写，这家公司承担了许多中国在非洲的基础设施和建筑项目。蓝色是公司常使用的颜色，此外，这条腰带是仿照摔跤和拳击比赛用的那种腰带来设计的，它象征着中国人、黎巴嫩人、印度人、欧洲人和美国人对非洲资源的一种竞争性的持续关注。

根据我对这位艺术家的采访，"腰带上的'CCECC'

非洲折叠

字样表明中国可能在这场持续的比赛中是赢家"。值得注意的是,阿金汪德的外袍有两个口袋,每个口袋里有27张面值5奈拉的钞票。根据这位艺术家的说法,5奈拉钞票的使用与中国产品的"物美价廉"概念有关。

同样,在南非艺术家马库斯·诺伊施泰特(Marcus Neustetter)的《中国廉价品:一个电池寿命有限的装置》(诺伊施泰特"走进光中"展览的一部分)中,这位艺术家回收了一次性材料,并将其转化为经常被认为代表着"中国性"的物品——废弃的荧光棒;他把这些荧光棒缝合在一起,建造出中国长城的模样,或者熔化后制作成幸运青蛙、鲨鱼鳍和龙的形状。据这位艺术家说,这些物品象征着在南非的日常生活中,人们想象与感知中国和中国文化的方式。诺伊施泰特的项目强调中国材料的重要性。制作这些作品所用的材料是艺术家特意从中国当地市场采购来的,这些市场通常储存着大量而廉价的轻型玩具和小玩意。

通过这种编织术——将某种物体或材料编织在一起制作成其他物品——日常用品和材料就被转化成为艺术作品。这种艺术手法体现了塑料编织袋的一种隐

第二部分　流动的异乡

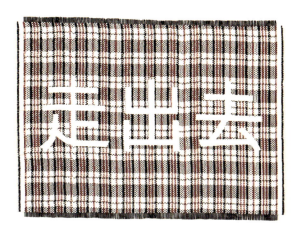

〔津巴布韦〕丹·霍特:《走出去／走向全球》,丹·霍特供图

〔尼日利亚〕阿金汪德:《三件套》(二手和机器缝制麻袋、铝制品和 5 奈拉纸币),阿金汪德供图

喻意义。它代表着一个交换和过渡的过程（这个过程有时是不平衡的），也代表了全球南方不同流动路径的交叉。这种技术被马克纳、霍特、阿金汪德和诺伊施泰特等艺术家不断采用，以反映非洲和中国之间日益强化的经济联系与互动。霍特的作品《世界难民地图》（*Rifugiato Mappa del Mondo*，2011）在制作时大致参考了移民信息统计，将红色、蓝色和白色的塑料网袋编织在一起，松散地描绘了整个世界的流动趋向。

在当今世界，流动性通常意味着在不同的地方和文化之间移动与居住的能力，但霍特的地图显示了全球化时代有关流动性的矛盾愈演愈烈：旧的袋子被用来绘制移民出境的国家和路线（多为南方国家），而新的袋子则描绘了更有吸引力的目的地（多为北方国家）。这项工作是由目前居住在南非的津巴布韦难民西邦尼·奇琼乔（Sibongile Chijonjo）亲手缝制成的。编织袋的破损代表着流离失所的移民所经历的精神和情感创伤。从编织袋到世界地图，艺术家通过这一创作提醒观众在当前全球社会经济变化的背景下，思考有关劳动和消费主义的问题。

第二部分　流动的异乡

〔津巴布韦〕丹·霍特:《世界难民地图》,丹·霍特供图

非洲折叠

  这些艺术家还利用这种编织术来评论非洲与中国的相遇，特别是用其指代中国在非洲的"物质性"。诺伊施泰特将荧光棒和彩色塑料条编织在一起，以此来复现解读中国古代地图和非洲贸易路线，促使人们反思非洲在国际贸易关系中的地位。诺伊施泰特表示，他计划将这些艺术品带到中国展览，制作这些艺术品的原材料都是中国产的："因此，这个看似临时的艺术装置是由成千上万的废弃发光棒、破损发光二极管、塑料外壳和包装材料等永久性副产品组成的，这些副产品被组装成新的艺术品，以一种仪式交换的形式送回中国。"南非艺术家通过将这些以中国进口材料制成的艺术作品再"出口"到中国，促使人们反思这两个金砖国家之间的力量平衡。

  这些作品，并不一定能反映出非洲大陆大多数人对中国的广泛看法。相反，它们是个人艺术家的尝试，旨在反思那些容易被认为是理所当然的问题。换句话说，这些艺术项目并不是有关"中国在非洲"的调查，也未能提供一个结论性的陈述，但它们确实敦促人们关注那些仍没有明确答案的复杂问题。借"fong kong"材料来探讨社会生活的艺术家们，例如马克纳、霍特和诺伊施泰特，有着类似的疑虑和不确定性,他们的作品不断引发有关中非交往和"全球南方"的批判性对话。

永不到达:流通的悖论

"中国袋"的"移动"性质,使得它成为理解非洲大陆上流动现象的一个丰富的隐喻。本文的分析表明,编织袋在非洲大陆内外的流通不是单向的。这些以编织网袋为审美材料的艺术作品,至少体现了三个不同层次的流动——非洲人的迁徙、非洲"中国制造"产品的流动以及非洲大陆内外艺术作品的流通和消费。编织袋的关系性质,说明了识别"反向流散"和多向流动的重要性。对这些多方向和多层次移动网络的研究,揭示了非洲复杂的关系和身份地缘政治,要求我们对"全球南方"有一个更加全面的理解,而不是停留在一种对地方的刻板印象层面上。根据阿普杜莱和盖尔的理论,我们得以思考这些作品作为艺术和商品的双重性质,以及它们如何成为流动性悖论的象征。"中国袋"制作的艺术品,象征并加剧了移民社区和东道主社会之间的动态紧张关系;此外,商业化艺术作品中所体现的包容和排斥的政治,某种程度上也是流动性悖论的缩影。

用"中国袋"作为"zhing zhong"或"fong kong"的象征，代表了艺术家们"向内"（inward-looking）的社会政治批评态度。与此同时，用"fong kong"来形容中国人在非洲的存在似乎过于简单，因为这些强硬的概括与分类，又带来和加剧了另一种层面的排斥。因此，其中一些艺术项目再次重复了他们所批评的关键问题，例如在南非这样的社会中如何处理种族多样性的问题。一些作品只是单纯强调"东方的食物"或"中国冒牌货"（fong kong），并没有充分关注到中国人和中国文化的多样性，也没有讨论中国人在非洲的漫长历史、中国和不同非洲国家之间的不同历史联系或者中国在非洲的"混合存在形式"。此外，这些作品大多没有考虑其他的流动方向——例如，在中国的非洲移民；这些作品也没能意识到，"中国袋"在非洲的突显是全球经济和政治进程的一部分，对中非交往的理解不能脱离更广泛的全球地缘政治背景。

正如多顿·马坤的"加纳人必须离开"系列作品所示，"中国袋"的编织图案其实代表了一种标签化的刻板印象。这些艺术作品，可能没有涉及种族隔

第二部分 流动的异乡

离时代之前或隔离期间被经常误解或忽视的华人社区的复杂历史。很少有艺术作品认识到中国在非洲的存在始于成千上万的人被迫离开家园。就南非而言,来这里的中国人可能有奴隶、契约劳工和独立商人等不同身份。此外,只专注于批评"fong kong"质量低下的作品,往往没有认识到中国编织袋的一些其他品质——它们轻巧、结实、用途广泛,对于处于劣势经济地位的人来说更加实惠。有学者指出,"fong kong"产品在非洲大陆的流行,比"中国商人倾销中国制造的假货"这一简单论断更为复杂[1]。"尽管'fong kong'产品带有一种负面形象,招致社会批评和政府对它们的限制,但这些产品仍然在当地市场上流行",并且"为贫困者的生活作出了贡献,激发了创造力,也给当地社群成员带来了便利"[2]。笔者注意到当有些艺术家试图处理日常话语中有关中国

---

[1] Huynh. T. T. 2012. "The Sensitive Nature of its Materials: A Reflection on China-Africa." In *Making Way: Contemporary Art from South Africa and China*, edited by Ruth Simbao. Grahamstown, Visual and Performing Arts of Africa, pp. 50-56.

[2] Zi, Yanyin. 2015. "The 'Fong Kong' Phenomenon in Botswana: A Perspective on Globalisation from Below." *African East-Asian Affairs* 1(1), p.7.

非洲折叠

人的观念时,他们本来试图干预问题化的、刻板印象式的简单再现,却在无意中加剧了当地人的"恐中"(sinophobia)情绪。从这个意义上来说,"中国编织袋"也成为一种"外来"的象征物,重复了排外主义的逻辑。

这些艺术作品作为商品的流通,也丰富了这篇文章中的流动性主题。阿普杜莱的商品化概念,提醒我们关注视觉艺术领域中的不平等性,这种不平等根植于一个更广泛的政治经济背景中。阿普杜莱提醒我们注意物体在商品化和去商品化过程中的流通方式。他认为,资本主义的计算精神在物件身份转变过程中始终在场,物件在这一转变过程中历经不同的极端价值体系。这篇文章中涉及的这些关于"中国编织袋"的特定作品,主要是为画廊观众制作的。尽管一些艺术项目试图抵制商业化经济的收编,拒绝将痛苦的遭遇进行文化商品化,但在大多数情况下,开普敦、约翰内斯堡、纽约和伦敦画廊白净的墙上贴着的昂贵的价签,在某种程度上使这些艺术品与最初激发艺术家创作的日常环境和人类生活经验再次脱节。

当非洲以外的广大观众为非洲大陆新兴视觉或

第二部分 流动的异乡

表演艺术的日常创造力欢呼时,这些带有挑衅色彩的作品的流通和消费再次引发我们思考一些深层次的问题:我们如何以"变革的方式"使用日常物品来干预空间、关系和身份认同的政治?更具体地说,应该使用什么元素来"代表"中国、非洲和中国在非洲的存在?这些材料怎样提示我们,中国和非洲在"全球南方"中各自的定位是什么?我们为谁设计和制作这些艺术项目?当非洲艺术作品跨越文化和国际边界时,我们又应该如何理解它们的意义和价值?

非洲著名导演希萨克(Abderrahmane Sissako)在他2002年执导的电影《赫里马科诺:等待幸福》(*Heremakono: En atten-dant de bonheur*,2002)中,讲述了人们如何寻求幸福,以及这种幸福与流动性的关联。影片中有个令人难以忘怀的场景——一个名叫楚(Tchu)的、在街上卖"fong kong"制品的中国小商贩,在当地的小歌厅里唱歌。他唱的这首忧郁的歌曲,是一首曾经在中国家喻户晓的《铁窗泪》。这首关于监狱生活的歌曲的歌词在影片中悲伤而美丽:"铁门啊铁窗啊铁锁链 / 手扶着铁窗望外边 / 外边的生活是多么美好啊 / 何日重返我的家园 / 何日能重返我的家园……"就像电影中的许

非洲折叠

多耐人寻味的角色一样，在这个毛里塔尼亚的交通枢纽、小镇努瓦迪布（Nouadhibou），中国小贩实际上已经丧失了对自我迁徙与流动的控制。他永恒的等待和揪心的呼唤，与南非艺术家恩卡巴艺术项目的标题遥相呼应——"此袋是吾乡"（Umaskhhenketch Likaya Lam）。

"中国袋"为理解非洲复杂的人口流动模式提供一种生动而精准的隐喻。作为一种经常出现在公交车站和国家边界的视觉元素，编织袋已经成为"穿越"和"异乡"的终极表达——一种总是在流动却从未到达的紧张状态，一种归属于世界又被世界拒斥的矛盾经验。这是一种令人不安的经历，对我们理解当代非洲错位的身份政治尤为重要。从以上分析的艺术作品中可以明显看出，在非洲大陆生活和迁徙的居民——无论他们是尼日利亚人、津巴布韦人还是中国人——都处于一种"暂时"和"中间"的阈限状态。

从"加纳人必须离开"到"孟加拉袋"，从"津巴布韦袋"到"中国袋"，这些名字的关系集中体现了"全球南方"流动现象的复杂性与矛盾性。围绕编织袋创作的视觉文化开拓了一种有关"南方"的理解：这是一个拒绝固定定义的多层过渡空间；在这个空间里，移动、转瞬即逝和越轨似乎成了常态：在不可预测的日常现实和艺术创造之间的碰撞交融中，新的包容和适应模式不断涌现，并与不断演变的拒斥机制交互纠缠。

6
超越"金合欢"与"狮子王"

/ 程莹 /

> 你不了解其他的社群。既不关心他们的孩童如何玩耍,也不在乎他们在早餐和夜宵时的谈资。
>
> ——第一位来自非洲的诺贝尔文学奖获得者沃莱·索因卡

著名的非洲博客"非洲是个国家"(Africa is a Country,该网站的命名"非洲是个国家"实为反讽,实际上他们主张"非洲不应被看作一个国家,是个多元的大陆")近期发表了一篇题为《单一封面危险性》[1]的文章，作者艾略特·罗斯（Elliot Ross）搜集了几十本有关非洲作品的封面，几乎无一例外地是以橙色日落天空为背景的金合欢树，作者大胆推测，人们之所以无意识地将此意象定义为他们眼中的"非洲"，很可能是因为受了动画片《狮子王》等流传广泛的西方影像作品的影响。

那么我们中国人对非洲的印象又从何而来呢？是《狮子王》、以《走出非洲》为蓝本的电影，是有关非洲战乱灾难的新闻图片，还是类似于《动物世界》的纪录片？这个问题看似简单，实则不然。它牵涉的，是我们对自我和他者的认知问题：我们有关非洲的印象是如何被建构的？这些印象又是如何被作为一种关于非洲的"知识"在社会公共领域中流传的？摄影在这个过程中扮演了什么样的角色？

即便你没来过非洲，也一定知道肯尼亚的动物大迁徙，或是听说过南非的克鲁格国家公园。被游客和摄影师们钟爱的，还有南部非洲国家斯威士

---

[1] 原文参见：https://africasacountry.com/2014/05/the-dangers-of-a-single-book-cover-the-acacia-tree-meme-and-african-literature，2018年5月11日。

兰（Swaziland）的"芦苇节"（又被人称"选妃节"）[1]。"芦苇节"期间，成千上万名少女裸露上半身行进，不少国内媒体和摄影人将其称为"旷世奇观"，每年都吸引诸多游客和摄影师前往拍摄。强调描摹被拍摄对象外部特征的动物摄影和民族志肖像，某种程度上代表着当下中国摄影师拍摄的非洲影像的典型。

人类通过镜头了解"异域"文化，有着漫长的历史。自从摄影机成为探险家、殖民者、旅行家和人类学家的装备，便有了大量有关异域风土人情的影像记录，作为人们了解"他者"的工具。这一传统更是伴随着殖民历史，开创了有关非洲摄影的先河。早期民族志影像在流传过程中，往往被不假思索地看作是有关他者的"真相"，摄影术的"建构"本质、拍摄者与被拍摄者间不对等的权力关系很容易被忽略。在这一过程中，摄影装备成为现代化的西方文明的符号，而镜头所瞄准的对象也就是本土居民及其文化则被看作

---

[1] 芦苇节是斯威士兰人的传统节日，它起源于少女的成人节。之所以称为"芦苇节"，是因为参加节日的少女都手持芦苇入场。这一节日每年8月举行，不仅是庆祝少女成人，也是国王姆斯瓦蒂三世一年一度的选妃盛典。

第二部分　流动的异乡

野蛮、落后的部族传统的象征。

今天，非洲的城市化迅猛发展，与外部世界也有丰富的联结和互动。加纳的"阿宗同"（Azonto）[1]音乐和舞蹈正在影响着伦敦的街头文化，尼日利亚的"诺莱坞"已经崛起为世界第二大电影产业，南非东开普省格拉罕小镇的艺术节[2]吸引着来自世界各地的剧团、画廊和先锋表演艺术家，刚果的萨普文化[3]被国际时尚界推崇……当下，当摄影师们举起镜头，我们对非洲人和非洲文化的"凝视"，是否超越了早期民族志摄影对所谓"部族文化"的猎奇，走向更加广阔和现代的视野？话说回来，即便我们的摄影师依旧热衷于捕捉和记录所谓"最原始、最纯粹的非洲部落文

---

[1] 阿宗同是缘于加纳阿克拉（Accra）的一种流行音乐类型，融合本土传统音乐、舞蹈和当下的流行舞曲，还结合了与日常生活肢体动作相关的舞步，传播十分广泛。流行音乐学者杰西·史普力（Jesse Weaver Shipley）认为，这种音乐类型的传播和西非流散人群流动性增加、网络的普及有关。

[2] 南非的国家艺术节，也是非洲大陆上最大的国家艺术节，每年6月底至7月初在东开普省的格拉罕镇举行。

[3] 萨普（"La Sape"是"Société des Ambianceurs et des Personnes Élégantes"的首字母简写），它代表了一种起源于刚果（金）、刚果（布）等国的时尚亚文化。这种文化与殖民史有关，其当下的流行实践也与当下青年、性别和政治问题息息相关。

明",谁又能保证那不是非洲人为纷至沓来的游客和摄影师专门导演和设置的一场表演?

说到中国摄影师拍摄的非洲影像,我们最熟悉的莫过于女摄影师梁子在十余年的非洲旅程中积累的大量作品[1]。她的作品中最引人入胜的,是摄影师在异乡的行走中作为个体深入社群、与当地人亲密真诚的日常交往。近年来越来越多的中国媒体记者、研究人员和其他行业的人抵达这片大陆,在相片中留下了他们周遭的非洲日夜。他们拍摄的图片中有很多都可称之为非洲生活的"奇观":那些街上色彩艳丽、飞扬跋扈的超载行驶的小巴车[2],拿着汽油桶和塑料瓶排着长龙买油、买水的人群,在歌声中上街参加集会或抗议的青年人……这些场景对很多本土的非洲人来说不过是稀松平常的生活片段,但却在不同时空中成为中国摄影人眼中的"奇观",中国摄影人以他者的视角观照当地社会正在发生的、日新月异的变化。有时

---

[1] 梁子有关非洲的作品,请参考《非洲十年》《红海大漠》《独闯非洲高山王国》《我的非洲部落》《西非丛林的家:我与塞拉利昂曼迪人》等。

[2] 这种小巴,在尼日利亚叫"danfo",肯尼亚叫"matatu",坦桑尼亚叫"daladala"。

第二部分　流动的异乡

坦桑尼亚桑给巴尔岛的牛车和少年，黑非洲摄友会·自然摄影

候,这些看似日常的相片,又似乎象征着一种寻觅,反射出中国当代都市生活中所渐渐缺失的部分:无比热闹的传统节庆和仪式,爽朗的老妪身上鲜艳的着装,村落里简单自足的生活状态……或许我们之所以迷恋这些场景并时常为之动容,正因为这些场景唤起了我们心中陌生又熟悉的记忆。

值得注意的是,中国摄影师对非洲的摄影并非近年随着中非交往的热潮才开始的。这段历史要远远早于我们的想象。2016年伦敦大学亚非学院非洲艺术系通过了一篇博士论文的答辩,作者迈尔克姆·考瑞高(Malcolm Corrigall)用近10万字的篇幅研究了20世纪50—60年代活跃在南非的"南非中国摄影师俱乐部"(CCCSA)[1]。该俱乐部正式成立于1952年,由生活在约翰内斯堡的华人摄影师组建。这些摄影师通过不同类型的摄影作品和摄影实践表达着复杂的身

---

[1] 详情参见迈尔克姆·考瑞高近期发表的两篇文章:Corrigall, M. 2015. "Invisible Communities and Their Visible Cameras: The Landscape Photography of the Chinese Camera Club of South Africa." *African Arts* 48(3):48-57; 以及 Corrigall, M. 2018. "A Spirit of Cosmopolitanism Happily Prevailing in Art: The Chinese Camera Club of South Africa and Transnational Networks of Photography." *de arte* 53(1):3-26。

份认同，以及他们对于"本土""家园"等空间概念的理解。例如，他们常常将中国古诗词的意境融入其拍摄南非本土风景的作品中，俱乐部也曾先后几次组织华人摄影社群的公共沙龙和展览。这在当时的南非，是对等级森严的种族隔离制度的一种挑战，因而具有重要的历史意义和价值。

近年来在非洲大陆上也出现了一些华人组织的摄影团体，主要集中在东非地区的"黑摄会"[1]就是其中一个。靠近动物迁徙的家园马赛马拉，这些摄影师的作品中依然不乏野生动物和自然风光，但也有不少精彩的人文摄影作品。曾是"黑摄会"始创成员之一的齐林就曾与另一位骑行非洲的摄影师杜风彦深入肯尼亚内罗毕的基贝拉，拍摄一位贫民窟拳王的故事。[2]许多人把去过非洲的贫民窟当成一种"炫酷"的体验，而拍摄贫民窟的人物和生活实际上是备受争议的话题。英语世界中有个词叫"贫穷色情片"（Poverty

---

[1] 详情参考《中国日报》的报道。参见 http://www.chinadaily.com.cn/dfpd/2013-09/06/content_16950112.htm，2022 年 6 月 29 日。
[2] 杜风彦曾经花 700 多天的时间从广西出发，途经 22 个国家，骑行穿越非洲大陆，直至南非。过去几年间，齐林和杜风彦多次往返非洲进行拍摄和纪录片制作，他们自称"杜齐眼"组合。

非洲折叠

Porn），指的是一种消费贫穷和苦难的视觉文化——一些拍摄非洲的摄影师，未经拍摄者同意就强行拍摄他们的生活，即便是在被拍摄人的最挣扎和脆弱的时刻。对贫民窟人群生活影像的滥用，无疑是对这些人尊严和权利的一种再次剥夺。殖民历史结束后几十年的今天，在摄影界、视觉文化领域和大众媒体中，反思如何避免用"消费贫穷"的方式来拍摄非洲，仍是重要的课题。带着拒绝煽情、拒绝消费贫穷的初衷走进基贝拉，"杜齐眼"努力让他们镜头中的拳王迈克和他的伙伴们成为完整、丰满、有尊严，并且值得我们敬重的人。他们对这位基贝拉拳王的拍摄不是一时兴起，也并非偶然的猎奇，对他们而言，相机不是用来走马观花和展现贫穷的工具。在多年的交往中，"杜齐眼"和迈克尔深入了解和影响着彼此的生活。

近年来，不仅在非洲大陆上有越来越多的华人面孔，在中国的广州、义乌等地，也开始有了大大小小的非洲社群。居住在广州的摄影师李东，就花多年的时间，用纪实摄影的方式记录了这群生活在海外的非洲人和他们千变万化的生活。李东曾经搬离自己广州生活多年的房子，长期居住在非洲人聚居的广州宝汉直街，近距离地接触与观察在华非洲人的生活。伴随

第二部分　流动的异乡

约翰内斯堡周末市集上的年轻人，刘佳摄影

埃塞俄比亚圣城拉利贝拉岩石教堂的朝圣者，刘佳摄影

非洲折叠

肯尼亚马赛人拳王迈克尔·奥迪亚博（Michael Odhiambo），肯尼亚轻量级拳王，在肯尼亚排名第一。除了从事训练和职业比赛外，每周末还教孩子们拳击，帮他们树立正确的人生观，也给那些有天赋并且努力的孩子一个走向成功的机会，齐林摄影

第二部分　流动的异乡

着近年来中非关系成为脍炙人口的话题,他的摄影展也走到了世界各地;有研究者认为,这是"中国人严肃、规模地面对非洲人在华问题的开始"。李东的镜头里总是不乏丰富的叙事符号和社会图景,除了普通非洲人在广州的融入与区隔状态,我们还可以看到中国人和非洲人正在如何走进彼此的视野和日常生活。例如,在他有关非洲社群的照片中,也常有距离非洲街 300 米之外登封村农民工群体的影子。作为摄影师的李东有着人类学家的敏锐和情怀,在他的镜头下,广州登峰的非洲街和城中村,成为"第三世界全球化"开始的地方。

多年来,来自外部世界的大众文化影像营造出我们对非洲的种种误解,而新的影像和关怀也不断刷新着我们对这片土地的认知。《国家地理》杂志美国版在几个月前策划了一期有关"种族"议题的专题,承认并反思了刊物过去几十年来在刻画有色人种以及建构非洲黑人形象中存在的种族主义倾向。真正的非洲多元驳杂,它既不是一个国家,也不是一个供摄影师们猎奇的、格外"上镜"的远方。获得凯恩奖的肯尼亚作家和公共知识分子比尼亚万加·怀奈纳(Binyavanga Wainana)曾以尖锐的语调对外来的

非洲折叠

买油条豆浆当早饭的非洲小伙儿，李东摄影

向当地人借用缝纫机的安哥拉商贩，李东摄影

镜头和笔触作出警告,反讽那些不断重复强加给这片大陆的或残忍或虚伪的陈词滥调:"一定要描摹非洲的日落,和那又大又红的太阳。广袤而空旷的天空下,是狩猎的人们……尽情展现那些瘦骨嶙峋的儿童、袒胸露乳的女性吧……非洲人不会抗议的,因为他们正忙着饥饿与灾难,忙着接受施舍和等待死亡,忙着担惊受怕,忙着绝望与逃离。"[1] 也许今天,当我们选择按下快门的时候,心中应该怀有作家怀奈纳这段沉甸甸的话。[2]

---

[1] Wainaina, Binyavanga. 2005. "How to Write about Africa". 参见 https://granta.com/how-to-write-about-africa/,2019 年 7 月 20 日。
[2] 本文原载于《中国摄影》,2018 年 9 月刊。

7
非洲文学离我们有多远?
——冷战时期的亚非文学运动

/ 袁明清　张丽方 /

《世界文学》期刊2017年第1期推出非洲短篇小说特辑,选译来自乌干达、肯尼亚、埃及、尼日利亚四国共五位作家的作品,特辑中对当代非洲文学的述评中写道,"上世纪五六十年代,'亚非拉'三个字让遥远的非洲走进中国……成功地占据了五零后和六零后的儿时记忆"。然而半个多世纪过去了,"我们与非洲却渐行渐远。除了三四位诺贝尔文学奖得主,我们对于那个辽阔大陆上的文学所知甚少……"[1]

---

[1] 刘雪岚,《遥远大陆的文学景观——凯恩奖所折射的当代非洲文学》,《世界文学》2017年第3期。

第二部分　流动的异乡

对于非洲文学在中国的境遇，与"所知甚少"同样呼吁我们思考的是这些"五零后和六零后的儿时记忆"在当代叙述中的缺席，20世纪中叶这场轰轰烈烈的亚非文学翻译运动在中国翻译文学史中鲜少被提及，亚非作家会议也没有成为文学史书写的对象，而今公共话语中的"非洲"与当初那个"憨厚、朴实且亲近"的形象也已相去甚远。在中非关系进入新的地缘政治格局的当下，也许正是我们重新展开这段历史的契机。

冷战，文学与政治

1946年，第二次世界大战结束不久，英国前首相丘吉尔在美国的"铁幕演说"拉开了冷战的序幕。之后，随着杜鲁门主义的兴起和华沙条约组织在1955年3月的建立，世界逐渐分化为两个阵营。同年4月，第一次亚非会议也就是"万隆会议"在印度尼西亚总统苏加诺和印度总理尼赫鲁的倡导下召开。中国也受邀参加，在会议上，周总理提出"求同存异"，以争取超越意识形态的广泛联盟，并且同印度尼西亚签订协议，取消民国时期的双重国籍政策，来消除周边国家对中国还有海外华人的顾虑[1]。然而,"冷战"不仅仅存在于政治、经济、军事、外交等领域,文化和文学,作为一个看不见硝烟的前线,在"冷战"及之后的世界文化图景中扮演了至关重要的角色。

作为"冷战"二元对立中的"一极",苏联从20世纪30年代就开始增加对文艺活动的影响。1932年苏联作家协会的成立,设立了一种政治与文学创作结合的组织模式,1934年召开的第一次苏联作家代表大会更是将社会主义现实主义树立为文艺标准,提倡文学为政治服务的原则。这种理念不仅在苏联内部得以实施,更发展成将文学创作完全意识形态化的"日丹诺夫主义",还通过共产国际的活动,对整个左翼文学影响至深。1954年,斯大林去世不久,第二届苏联作家大会召开,会议上确立了党对文学的领导。苏联对于亚非作家会议和组织的影响一直持续到20世纪80年代,这包括组织亚非作家会议、"荷花奖"评选和编辑《荷花》杂志。除此之外,苏联作家协会也承担了联结其他地区、扩大苏联影响力的作用,邀请一些作

---

[1] Leo Suryadinata. *The Rise of China and Chinese Overseas* (Singapore: ISEAS Publishing, 2017).

家访问苏联。例如,肯尼亚作家恩古吉·瓦·提安哥(Ngugi wa Thiong'o)的《血色花瓣》就是在雅尔塔完成,南非作家拉古玛(Alex La Guma)曾将自己在苏联的经历写成游记出版。

相较苏联大张旗鼓的文化宣传,美国奉行的文化政策则完全是另一种模式。正如一位英国工党内阁大臣所讲,"好的政治宣传是看着完全不像政治宣传的宣传"[1]。1950年成立的文化自由议会(Congress for Cultural Freedom,简称CCF)倡导文化自由民主、世界和平,却于1966年被爆出在其成立和运作中受到了美国中情局的指导和资助。该组织在高峰时期在35个国家和地区存有分支,资助了包括1957年创刊的尼日利亚杂志《黑色俄耳甫斯》(*Black Orpheus*),1961年创刊的乌干达杂志《变迁》(*Transition*),1953年开始在伦敦出版的杂志《邂逅》(*Encounter*)等。CCF还在1961年雇用了流亡中的南非作家埃斯基亚·姆法莱勒(Es'kia Mphahlele)作为非洲分支的负责人,也正是姆法莱

---

[1] Frances Stonor Saunders. *The Cultural Cold War: The CIA and the World of Arts and Letters* (New York: The New Press, 2000).

非洲折叠

勒组织了1962年在马卡雷雷举办的英语非洲作家会议(African Writers of English Conference),邀请了当时几乎所有著名的英语非洲作家参会。除了对于文学机构的支持,现代主义也被作为社会主义现实主义的反面在文学艺术中被提倡。这是由于苏联当局认为现代主义是资本主义腐朽文化,从而促使现代主义在美国资助的非洲文学艺术圈子里成为倡导自由和反专制独裁的代表,现代主义所提倡的艺术表现形式也使得作家和艺术家在"冷战"两极中间保持中立成为可能[1]。但同时,现代主义与社会现实主义的二元对立,贬低了大量左翼进步文学的文艺性和美学价值,影响了作家在具体文学创作中对政治议题的处理。阿契贝曾在一个讲座中生气地说道:"'为了艺术而艺术'就是另一坨除过臭的狗屎(art for art's sake is just another piece of deodorized dogshit)"[2]——否定将文学与政治分离的文学实践。在美国境内,"冷战"对于大学学科和课程设置也

---

[1] Peter Kalliney. "Modernism, African Literature, and the Cold War". *Modern Language Quarterly* 76:3 (2015): 333-368.

[2] Chinua Achebe. *Morning Yet on Creation Day* (London: Heinemann, 1975).

有深远影响。尤其在英语文学系，在 20 世纪中叶流行起来的"新批评"和文本细读的研究方法，实际上与当时盛行的"麦卡锡主义"和"冷战"背景紧密相关。文学表现形式和美学研究成为流行，文本本身成为一个自洽的研究对象，而与文本相连的政治历史批评则被相对淡化[1]。

亚非文学运动

在美苏冷战的大背景下，万隆会议被认为是亚非国家为超越两极、联结"第三世界"而努力的成果。会议结束后发表的《万隆会议公报》提倡"取得对于彼此国家的认识；彼此文化交流；交换情报"，这被刘禾称为"万隆会议人文主义"（Bandung Humanism）[2]。其后开展的亚非作家会议、亚非妇女会议和亚非记者协会等，都是在此框架下的人文交流。1958 年 10 月，第一届亚非作家会议在塔什

---

[1] Bhakti Shringarpure. *Cold war Assemblages: Decolonization to Digital* (London: Routledge, 2019).

[2] 参见 https://www.thepaper.cn/newsDetail_forward_1747749，2022 年 6 月 29 日。

干召开。中国作家协会主席和当时的文化部部长茅盾作为代表团主席,率领周扬、巴金、丁玲、冰心、赵树理等近20人的代表团参会。学者王中忱将这次会议和之前的准备置于当时的国际政治语境之中,结合史料指出,中国作家参与亚非作家会议,会场上所应采取的立场、表示的态度和发表的言论,都受到外交部门的指示。在此意义上,参会人员和参会本身即是纳入外交的范畴之内[1]。但也如熊鹰所指出的,由于当时中国尚未与很多国家建立外交关系,那么中国作家协会在这些机构中所起到的作用,实际上属于"民间外交"[2]。不论是民间还是官方,王中忱和熊鹰都把参会作为一种外交形式,将中国作家视为国家的代表。

一方面这由会议本身的性质决定。在冷战背景下,这些会议带有很强的政治性。尽管亚非作家会议和亚非作家协会与万隆会议及不结盟运动息息相关,然而苏联官方,或者说由苏联共产党领导的苏联作协

---

[1] 参见 https://www.sohu.com/a/276819687_754344,2022 年 6 月 29 日。
[2] 参见 http://www.opentimes.cn/Abstract/9400.html,2022 年 6 月 29 日。

在其中起主导作用[1]。苏联对会议的支持延续之前的共产国际主义传统,增强了其在亚非的影响力。与此同时,当时刚成立的新中国有很强的外交需求。尽管当时中国人民共和国已经成立,但是并没有受到西方主导下的国际体系的认可。因而需要联结其他国家,取得外交上的认可。

另一方面,王中忱和熊鹰的讨论暗含的背景是国内的文学机制,即和苏联相似的作家机构和组织体系。1949年7月,中华全国文学艺术工作者代表大会召开,在周恩来的号召下,成立了"中华全国文学艺术界联合会"(简称"文联"),同时,中华全国文学工作者协会在当时北平成立,简称为"全国文协",成为"文联"的下属机构。同年11月,中央人民政府出版总署成立了翻译局,负责译文的选编和翻译。1953年"全国文协"更名为中国作家协会,简称"作协"。尽管该组织被定义为自发性的团体,但是其与政府及政党的密切关系,使得作家和组织本身也不能完全是个体性的表述。毫无疑问,中国作家代表团在亚非作家

---

[1] 参见 https://www.aaihs.org/the-afro-asian-writers-association-and-soviet-engagement-with-africa/,2022年6月29日。

非洲折叠

会议上带有强烈外交目的的活动,在一定程度上,确实实践了刘禾"万隆人文主义"中的人文交流,但是这种交流是在国家主导下进行,通常体现在甚至停留于国家层面上。

除此之外,自1956年的苏联"二十大"之后,中国与苏联在外交方面的差别也逐渐显露。1958年亚非作家会议召开之际,中苏关系恶化已现端倪。在这个背景下,中国参与亚非作家会议,联结亚非地区进行反帝反殖民运动,积极翻译和在海外传播《毛泽东文集》及被视为宣扬革命的文学文本,经常被误读为与苏联争夺舆论阵地或者划分势力范围的行为。但是,这种表述忽略了非洲作家的能动性,如果从这一点出发,深入非洲作家参与亚非作家会议的历史细节,那么在中国视角下常被视为国家层面的外交行为中是否存在更复杂多元的互动?

1958年亚非作家会议召开之际,中华人民共和国已经成立,但是,有一部分参会的国家和地区仍属于英法葡殖民地,处于反殖民反帝国主义的斗争之中。这些反殖民斗争力量也在寻求国际支持,文学作为冷战的前线之一,也成为唤醒国民意识和民族独立的途径，但同时这些去殖民力量是否能完全被归限于民族国家的框架下还有待讨论。1958年参会的塞内加尔（独立于1960年）政治家迪奥普（Majhemout Diop，1922—2007）和作家桑贝内·乌斯曼（Sembene Ousmane, 1956—2003），前者在1957年成立了非洲独立党，后者1947年从塞内加尔偷渡到法国之后，因小说《塞内加尔的儿子》（1957）而成名。两人的作品和政论都曾在巴黎的《非洲存在》(*Présence Africaine*)杂志上发表或通过非洲存在出版社出版。《非洲存在》于1947年由阿辽那·迪奥普（Alioune Diop，1910—1980）在包括萨特在内的众多法国哲学家的支持下创立，吸引了包括艾梅·塞泽尔（Aimé Césair, 1913—2008）、利奥波德·桑戈尔（Léopold Senghor, 1906—2001）、理查德·赖特（Ricahrd Wright, 1908—1960)等众多黑人知识分子供稿，甚至成为二战后黑人运动的重要阵地之一。亚非作家会议之后，《世界文学》（1959年更名前为《译文》）和《非洲存在》两个刊物均在1958年着重突出了该会议，《译文》9月、10月推出了"亚非国家文学专号"（1958年9、10月号），《非洲存在》则在10—11月的第22期上发表了法语版的《亚非国家作家会议告世界作家书》[1]。除此之外,《译文》亦刊登了多首发表于《非洲存在》杂志上的诗歌的译文。如果说《译文》作为由中国作家协会译文编辑委员会编辑、人民文学出版社出版的"机关刊物",带有强烈的官方色彩,那么《非洲存在》作为一个泛非主义杂志则超越民族国家的边界,强调广泛的去殖民运动上的国际联结。

在1958年的塔什干会议之后,1959年亚非青年会议、1961年亚非作家会议常设委员会东京紧急会议、1962年开罗第二届亚非作家会议、1963年亚非作家会议执行委员会会议等接连召开。除了会议上的交流,一些非洲作家应中国作家协会和中国亚非团结委员会的邀请,到中国参观访问。例如,安哥拉(1975年独立)作家克鲁兹(Viriato Clemente da Cruz,1928—1973)参加了1958年的塔什干会议,并于同年11月和1960年8月访问我国[2]。他的诗歌《十三陵的水》经历多个语言的转译发表在1959年《世界文学》杂志"庆祝中华人民共和国成立十周年"特

---

[1] "Conference de Tachkent", *Présence Africaine* 22 (1958): 135–137. JSTOR, see www.jstor.org/stable/24348481. Accessed 20 May 2020.

[2] 〔安哥拉〕克鲁兹,《十三陵的水》,胡克敏译,《世界文学》1959年9月号,第16—17页.

辑中。尽管克鲁兹的访问属于外交范畴，他与中国的接触本身就说明中非双方对交流和作家之间联系的重视，以及反殖民、反帝国主义框架下增加亚非接触和交流的努力。这些交流和互动展现出的是我国通过与亚非作家的交流来寻找同盟，扩大外交和国际认同的努力。克鲁兹在1966年到北京参加亚非作家紧急会议，之后一直留在中国直至1973年去世。

除此之外，《世界文学》1964年7月刊在"世界文艺动态和文化往来"栏目曾记录，1963年年底肯尼亚独立，1964年肯尼亚作家联合会主席加亨格里（Gitu Kahengeri）应中国作家协会的邀请赴华访问。笔者于2019年有幸在肯尼亚采访到已90多岁高龄的"茅茅"老兵加亨格里，他表示，肯尼亚作家联合会这个组织其实并不存在，这只是为他前去中国访问专设的"机构"和身份。在此身份构建的过程中预设了一个与中国相似的政治和文学的关系和组织。这实际上一方面说明了个体在当时的条件下很难有政治、经济条件实现地理空间上的流动。正是由于亚非交流被定义在外交的层面上，非洲作家也被视为民族国家的代表，然而，正是在非洲被约化为反殖民和反帝国主义、亚非联结的标志之时，其内部的多样性、异质性和参与者的个体经验和命运在这种大背景下被简化成了符号性的政治能指。

1958—1966年的非洲文学翻译概况

《世界文学》(1959年更名前为《译文》)作为中华人民共和国成立初期唯一刊载翻译文学的期刊,从1953年创刊至1966年停刊,译介包括诗歌、小说、戏剧、民间故事等不同体裁的非洲文学作品近两百篇,主要集中在亚洲作家会议之后即1958年至1964年间。除此之外,《世界文学》中还有十几篇国内作家撰写的非洲文学的评论文章,以及"世界文艺动态""国外书讯""文化往来"等栏目中关于非洲文艺最新动态、中非文坛往来等简讯若干。《世界文学》在这一阶段曾推出多个非洲文学特辑,最早为1957年1月号的"埃及文学专辑"。为迎接1958年11月的第一次亚非作家会议,《译文》在1958年出版了"迎接亚非作家会议"特辑之后,又在9月与10月发行"亚非国家文学专号(上、下)",非洲文学的作品主要集中在9月份的专号上,其中包括"现代非洲诗选"7首诗歌,阿尔及利亚和南非联邦的短篇小说和埃塞俄比亚、

第二部分　流动的异乡

西非的民间故事等。此后还有1959年的"黑非洲诗选",1960年的"觉醒的非洲人民"等多个非洲文学特辑。

除了《世界文学》期刊之外,国内这一阶段还曾出版非洲文学作品单行本近50种,涵盖了包括埃及、阿尔及利亚、尼日利亚、喀麦隆、马里在内的16个非洲国家的文学作品。与《世界文学》类似,这些单行本不仅包含小说、诗歌等经典文学体裁,也关注民间文学的译介,如《亡灵书》《埃及古代故事》和史诗《松迪亚塔》等。这一时期的非洲文学翻译不仅覆盖面广、体裁丰富,也有一些处于文学生涯初期的重要作家进入中国读者视野,如最为我们熟知的"非洲现代文学之父"阿契贝,他的成名作《瓦解》(*Things Fall Apart*,1958)的部分章节刊载于《世界文学》1963年2月,完整的译本译自英国海茵曼出版社的原版,在1964年由作家出版社出版(高宗禹译)。近半个世纪后,同一译本又于2009年和2014年先后再版,当下对其作品的解读与当时相去甚远也更加多元,这一事实本身就为我们在更广义语境中追溯国内非洲文学译介观念的嬗变提供了线索。另一位值得我们关注的则是上文提到的桑贝内·乌斯曼,他也是这一阶段被译介最多的非洲作家之一，除了《世界文学》上的多篇译文，他的两部小说《祖国，我可爱的人民》（1959 年版又译为《塞内加尔的儿子》）（*O Pays, mon beau peuple!* 1957）和《神的儿女》（*Les bouts de bois de Dieu*，1960）也分别在 1961 年和 1964 年出版。乌斯曼不仅是塞内加尔的重要作家，也是非洲现代电影的奠基人，被称为"非洲电影之父"，他于 1962 年至 1963 年在苏联学习电影，《世界文学》1964 年 3 月刊还专门介绍了乌斯曼的"第一部非洲作家拍摄的影片"。如今国内对他的关注侧重于电影，他的小说如《神的儿女》等还未受关注。

在更广义的语境来说，这些非洲文学作品的出版与流通也连接着同一时期国内对非洲认知的需要。学者李安山指出，中华人民共和国成立后的非洲研究始于 20 世纪 50 年代晚期，主要集中在民族独立运动上，具有鲜明的政治倾向，对国外非洲研究的介绍占比重很大。这一阶段成立了若干奠定国内非洲研究的重要机构，如中联部直属管辖下的亚非研究所、北京大学的亚非研究所等，前者的两份内部刊物《亚非译丛》和《亚非资料》是当时中国学者了解国外非洲研究的主要渠道[1]。这一时期也出版了若干关于非洲的知识普及性读物,如新知识出版社出版的《非洲地理》、1957年世界知识出版社出版的《非洲列国志》等。这些出版物展示了万隆会议之后,中国对亚非地区增加了解和知识交流的意愿,但追溯这些文本的来源,会发现其中许多知识和信息译自苏联或者欧洲出版物。同时,非洲在很大程度上是作为一个大的集合体、反帝反殖民的国际主义代表被讲述,内部的差别并没有得到具体的区分。

在当时,不仅有关非洲的翻译文本在国内传播,有关非洲的中文文本也逐渐进入国人视野。冯振文的《非洲魔术师》在1951年由新华书店华东总分店出版发行。作为短篇儿童文学,这篇童话将故事背景设置在非洲,通过将各种动物拟人化来描述生物和其生存环境之间的联系,展示了非洲地理环境的多样性。1965年海军文工团话剧团编写的《赤道战鼓》在北京公演,以支持非洲人民尤其是刚果(利)的反帝反殖民斗争。同年,北京人艺编排的话剧(剧本后由中国

---

[1] 李安山:《20世纪中国的非洲研究》,《国际政治研究》2006年第4期,第108—129页。

戏剧出版社出版)《刚果风雷》、海政文工团改编自《赤道战鼓》的舞剧《战斗,前进!刚果河在怒吼》,都以支持刚果人民反帝国主义、响应毛泽东《关于支持刚果(利奥波德维尔)人民反对美国侵略的声明》为主题。《赤道战鼓》后由八一电影制片厂拍成电影,并以连环画、地方戏剧、报纸连载等形式出版和传播。1965年7月10日的《人民日报》还发表了韩北屏的诗歌《奔流吧,刚果河!看舞剧〈刚果河在怒吼〉有感》。除此之外,1965年湖南省民间歌舞团编排的《风雷颂》也以越南、刚果、多米尼加为叙述主体展现亚非拉反帝国主义斗争。非洲的反殖民斗争被纳入反帝国主义的版图之内,表达了对于国家独立和革命的一种国族想象。

非洲文学离我们有多远?

在文化作为前沿战场的冷战背景下,文学交流与政治诉求彼此捆定,并非简单的后者决定前者的关系,前者同样反作用于后者。因而追溯非洲文学在中国的翻译,是我们理解这个时期亚非运动、中非关系的重要组成部分。然而我们今天重新谈起这段历史并非为了呼唤抽象的"亚非团结"。一方面,正如上文所提到的,重访这段历史,我们需要注意政治意识形态下的宏观叙事所掩盖的复杂性、多样性和参与者的个体经验,从而顺着这些具体的历史互动所提供的线索,重新勾勒出其复杂的肌理。另一方面,在当前的地缘政治格局下,我们如何在中非关系新的张力中反思和继承这个遗产,从而打开一个空间,探讨它可能给我们当下提供的启示?

这个问题又将我们带回非洲文学在中国的境遇。尽管 20 世纪 60 年代的这一互动过程仍囿于意识形态和民族国家的框架及知识权力结构的作用,非洲文学文本的流转、翻译与接受也受限于当时的国际与国内环境,但中国与非洲文学的互动确为我们提供了一个路径,去构建、联结和实践超越当时政治格局的另一种世界想象。在反帝反殖民联盟的修辞已失效的当下,文学还能够再次为我们提供关于"亚非"、关于"第三世界"、关于"全球南方"的想象吗?我们现如今是如何又该如何进入非洲文学?以何种立场、何种语言、在何种层面上进行对话和互动?文学作为当下非洲现实和个体经验的表达,如何在保留其异质性和多样性的前提下,去寻找主体间性的共鸣?这实际上不仅仅关于非洲,而且关乎我们对自己还有整个世界的定位、描绘和想象。也许这段被忽视的历史可以提供一个视角、一种参照,去探索对话的多种路径,想象一个具有更多可能性的未来。[1]

---

[1] 本文原载于澎湃新闻"思想市场"栏目。原文标题《冷战时期的亚非文学运动,与非洲文学的中译史》,参见 https://www.thepaper.cn/newsDetail_forward_8788202,2022 年 6 月 22 日。本文合作者袁明清为德国拜罗伊特大学博士研究生。

8
中非关系的"小叙事"

/ 张丽方 /

2019年2月,赞比亚艺术家斯塔利·姆瓦巴(Stary Mwaba)关于中非关系的艺术项目"黑山"(Black Mountain)在南非罗德斯大学展出。《中国大白菜》(*Chinese Cabbage*)是姆瓦巴进入这个项目的开始。在这件装置作品中,姆瓦巴将白菜梗浸入黄蓝红三种食用色素中,熟悉的菜叶吸收色素后显得斑斓而陌生。这些颜色分别指向赞比亚重要的矿产资源:铜、钴和镁,因而这件作品第一次在柏林展出时,就引发了关于中国在赞比亚矿业投资及更广义的中非关系的讨论。过度的解读实际上遮蔽了艺术家长期关注的"小叙事"——那些从生活经验出发的、存

非洲折叠

〔赞比亚〕斯塔利·姆瓦巴:《中国大白菜》,斯塔利·姆瓦巴供图

第二部分 流动的异乡

续于日常交往与互动中的另类脚本。姆瓦巴聚焦个体的故事与经验,并以此为出发点,在历史与当下的动态中反观关于中非关系的宏观叙事。姆瓦巴在罗德斯大学驻留期间,我曾多次访问他的工作室,在展览前我专门约了他一起聊天,就他关于中非这个项目进行一次访谈[1]。

张丽方(以下简称张):让我们从《中国大白菜》说起,这件作品引人注目,并且很容易就能让人联想到关于中非关系的讨论。这件作品的灵感来源于哪里?

斯塔利·姆瓦巴(以下简称姆):这件作品源于我和女儿一起做的一个科学课实验,她当时正在一个中文国际学校上学。这个实验的目的是让小学生了解植物如何吸收水分和金属物质,叶片颜色变化的过程非常有趣。当时赞比亚有许多关于中赞关系的争议,所以我女儿在台上作报告不断提到"中国(大白菜)"的时候,我注意到一些人显得非常不自在。这触发了

---

[1] 本文整理自对姆瓦巴的访谈,艺术家校订英文内容并授权后由笔者翻译为中文。

非洲折叠

我的灵感,我决定把这个实验移到艺术展厅中。

张: 当时关于中赞关系有什么样的争议?

姆: 在矿业方面有许多争议,例如矿山的所有权,中国公司的劳工条件还有其他方面的问题。前任总统迈克尔·萨塔(Michael Sata)在2011年竞选的时候曾扬言要在当选后赶走中国商人。这些争议由来已久,不仅在当地,在国际上也有许多讨论。我第一次在德国展出这件作品的时候,许多观众表现出强烈兴趣,然而这并不是我作品想要表达的全部内容。

张: 那么,你主要想表达的是什么?

姆: 我想从个人的视角去探讨这些关系,比如我女儿的故事,当时送她去中文国际学校自然有对她未来的考量,但我同时也留意到媒体上关于中赞经济往来的争议。再比如大白菜这个材料本身就呈现了我想表达的一些内容,它是外来的,它来自中国。现在在赞比亚随处可见大白菜,在我成长的年代,我甚至没有听说过它。赞比亚有一些蔬菜是季节性的,但是白菜全年都能够生长,提供食物。与其说我在陈述一个结论,不如说我在就此提出问题,并把这些问题作为思考的出发点,所以大白菜在这个层面上也是一个隐喻。

张: 这件作品是否也是你关于赞中关系这个项目的开始?

姆: 是的。但事实上,是中国对恩科洛索(Edward Makuka Nkoloso)[1]的看法让我想要进一步探索这个主题。当我创作《太空项目》(*Space Project*,2014)的时候,我做了一些关于恩科洛索的研究,他在20世纪70年代就想要在太空项目上和西方竞争,他甚至向联合国教科文组织(UNESCO)申请登月项目的资金支持,不过他失败了。在英国电台对他的采访中,他几乎被看作一个"疯子",但中国国际电视台非洲分台(CGTN Africa)制作的纪录片中,他却被当作一个英雄。我甚至在想,他为什么没向中国申请资助?《中国大白菜》和《太空项目》都在柏林展出,但是观众对与中国在非洲的有关讨论更

---

[1] 〔赞比亚〕爱德华·马库卡·恩科洛索,赞比亚科学、太空与哲学研究院(Zambia National Academy of Science, Space Research and Philosophy)的创立人。

感兴趣。这也触发了我的思考,让我想要去做更多的调研。

张:这太有意思了!是啊,为什么不呢!如果恩科洛索获得了支持呢?话说回来,能不能分享一些你之后做的调研,尤其和你强调的小叙事或者个人视角相关的?

姆:我回到了赞比西镇(Chambishi town),中国援建的赞比西大桥(Chambishi Bridge)就在这,它是坦赞铁路的一部分。这里也是我外祖父祖母的故乡,因而它也是保存我们家族回忆的地方。我幼年的时候曾听祖母说起坦赞铁路建设时期的故事,她给我描述那些工人在铁路边种菜的样子,他们连走路的时候都拿着毛主席语录。这座桥在1979年津巴布韦独立斗争的时候被炸毁了,第二年中国又建了一座新的赞比西大桥。我乘坐铁路从卡皮里姆波希(Kapiri Mposhi)到卡萨玛(Kasama)和赞比西(Chambishi),在火车上和乘客聊天。铁路已经运行了几十年,人们乘坐着火车从一个小镇到另一个小镇,他们去工作,去拜访亲友,甚或和中国人做生意。但在今天关于中非关系的话语中,他们的故事在

第二部分　流动的异乡

坦赞铁路上的乘客，赞比西，斯塔利·姆瓦巴摄影

非洲折叠

哪里？

张：你的系列板上黑白肖像作品《黑色身体》（*Black Bodies*）就是基于你这次行程拍的人物照片，以及坦赞铁路建设工人的回忆录[1]。你是否通过这组作品，试图在当下关于中非关系的叙事中嵌入并强调这些个体的故事和已经存在的历史交往？

姆：是的，我的灵感来源于这个历史场景，但我的作品不仅仅是关于这个场景。总体而言，它是关于小叙事。许多人都和中国人有过交往，也许是在市场中，也许是在工地上，有些赞比亚人和中国人结婚了。这些才是日常中当地人和中国人的交往，他们构成甚至在某种程度上形塑着赞中关系和我们的社会。但关于中非的宏大叙事并不考量这些，而有些叙事本身其实是迷思。对于我而言，这些微型的交往才是现实，它们提供了在地的图景。讲述这些故事是十分重要的。

张：似乎在你的项目中，关于这些微型交往的小

---

[1] 外交部政策规划司编：《中非关系史上的丰碑：援建坦赞铁路亲历者的讲述》，世界知识出版社，2014年。

第二部分　流动的异乡

〔赞比亚〕斯塔利·姆瓦巴：《黑色身体》，斯塔利·姆瓦巴供图

非洲折叠

叙事有时候甚至超越了中非关系的框架,而成为你重新学习和书写历史与当下的出发点,比如你这个项目的核心议题"黑山",请你分享一下"黑山"是什么?

姆:"黑山"的成分是矿渣,是采矿过程中产生的剩余物,其成分仍然包含铜和钴。从殖民时期开始,这些矿渣就被堆积在棚户区周围,最终形成山体。这些人工堆砌的山体在下雨的时候会产生化学反应而且具有毒性。它们已经成为铜带省的标志性景观了。

张: 你给我看过它们的照片,视觉上非常壮观。"黑山"是如何成为你这个项目的焦点?

姆: 当你谈到中赞关系,最主要的议题就是矿业。前些年,中国的国企购买了一座"黑山"。那时我有一个堂兄就在"黑山"采矿,2017年我从卢萨卡开车到铜带省去拜访他。在路上的时候,我想到自己即将验证在媒体上读到的关于中国购买矿山、污染水源等消息,十分兴奋。然而结果却让我有些"失望"。要为污染那条河负责的公司并不是中国企业。当我的堂兄带我到他采矿的"黑山"时,我开始反思为何我们从未对许多事提出疑问。我就在这些山体周围长大,但我以前却不知道它们是什么。当你在媒体上浏览关于"黑山"的头条，很容易就留下"中国要在赞比亚买一座山"这样的印象，这正应和了"中国新殖民"的说法。但事实并非如此简单，这些山体是殖民以来的遗产，中国甚至不是赞比亚矿业最大的投资者。我们应当对自己所见所闻提出疑问，尤其是关于采矿业，殖民以来的产业结构仍然存在那里。

张：这应该就是你在装置作品《黑山》（*Black Mountain*，2019）中提出的疑问吧。我知道你计划在展览中呈现另一个科学课实验，用咖啡渣种植蘑菇，以此象征从殖民时期开始堆积的矿渣山被包括中国公司在内的企业重新开采这一现象，也是试图把生产知识的实验作为形式去呈现"黑山"的本质。这件作品实际上指向当下中非关系话语中的张力。

姆：是的。理解这些山体如何形成对我作品中想要表达的内容十分重要。现在的叙事基本上都聚焦于中国的角色。宏大叙事常常遮蔽一些重要的事实。

张：是的，比如这些山的历史。

非洲折叠

"黑山",斯塔利·姆瓦巴摄影

〔赞比亚〕斯塔利·姆瓦巴:《黑山》细节(综合媒体装置,尺寸可变)
斯塔利·姆瓦巴供图

姆：对。我们关注围绕"黑山"的竞争的同时更要看到矿业对金属的过度开采,这些曾经被视作毫无价值而摒弃一旁的废渣如今又成为重要资源,所以《黑山》这件作品确实是想探讨赞比亚的矿业问题,不仅是当下的全球话语,也是关于它的历史与未来,未来这些(山体)空间会成为什么?这个议题对于我来说很特殊,我有许多想去探索与表达的东西,因为它关乎我个人在铜带省的历史,关乎我参与采矿的亲人,关乎铜带省的当代生活,更关乎在这些弃渣场挖矿的青年人。

张：那在这个项目的作品中,你主要是探索"黑山"的哪些方面?

姆：许多方面。我最初的兴趣是探索当下正发生着什么,比如我堂兄在这些山体空间中的经历,以及他和中国的还有当地的铜矿商人的往来。这就是我的初衷。然而,当我进入这些场所之后,我不得不去理解它的历史,去理解这些空间及正发生于其中的事。所以我的作品既关注它的历史也关注它的当下,在一些作品中,我通过堂兄的眼睛去讲述青年人的故事,他们的故事是重要的。某种程度上,这也是对他们的未来提出问题,在这些矿渣中采铜对于我堂兄及和他一样的青年人来说到底意味着什么?对于我们来说又意味着什么?我们的故事是什么?

张:是的,我记得你告诉过我,青年人从未真正拥有过他们脚下的资源,殖民时期没有,现在也只能以肉身小心翼翼地在这些曾经的废渣中探寻。你能不能具体分享一下你如何在作品中呈现这些内容?

姆:我想分享的第一件作品是《构图"黑山"》(*Mapping the black mountain*),我在作品中试图做的首先是定位这些空间,它们分布在铜带省的许多地方。我主要关注两个地方的"黑山":一个是我的出生地钦戈拉(Chingola),我的堂弟还生活在那里;另一个是颇具争议的乌萨基勒(Wusakile)"黑山",我是在那儿长大的。这件作品涉及包括铜带省矿用地图等历史档案,这些地图曾被用于开发土地和金属资源。我在作品中挪用这些地图,并根据我堂弟所讲述的他们如何进入这些山体寻找矿石的故事,在历史档案上绘制新的线条与地图标记。"黑山"的成分是固化的矿渣和石头,所以这些山体并不稳定。这些青年人实际上冒着巨大的风险在其中探寻,曾经发生过多起

第二部分 流动的异乡

〔赞比亚〕斯塔利·姆瓦巴:《构图"黑山"》,斯塔利·姆瓦巴供图

非洲折叠

山体崩塌致死的事件,他们或是消失或是活埋其中,有些被找到了,有的至今没有结果,因而"黑山"也成为关乎那些逝者的灵性场所。我的作品试图追寻这些消失的青年人的痕迹,并将这埋骨之地转化为祭祀的空间。

另一件作品《焦土》(*Scorched Land*,2018)则指向矿产开采后的有毒物质对土地造成的破坏。在这件作品中,我想强调的是这些山体长期以来的有害性,以及它们通过水与空气污染对环境造成持续的破坏。比如在大部分铜矿开采的区域都有冶炼厂,铜矿冶炼的过程需要用到硫酸并产生二氧化硫气体,这会毁坏植被甚至造成一些地方寸草不生。"黑山"本身也会在下雨时造成污染,化学反应产生的有毒物质流入河流中,而这可能是周围社区赖以生存的河流。

张:这些作品实在发人深省,非常深刻。

姆:我最初的兴趣是探索我堂弟这些年轻人在矿石交易中与中国人的互动。但进入这些空间,我学到了很多。我意识到采矿的历史与殖民遗产如何深刻地影响着环境和人,这些是更需要关注的问题。我并不

第二部分　流动的异乡

〔赞比亚〕斯塔利·姆瓦巴:《焦土》，斯塔利·姆瓦巴供图

是在说关于出售"黑山"的争议不重要,这些叙事关联着对这个议题不同方面的讨论,在这件作品中,我更感兴趣的是讨论与我的社区民生更相关的方面。

张:这仍然是基于你强调的"小叙事",这些作品关乎你所熟悉的人与地方。

姆:是的,这对我非常重要。铜带省是一个将这些不同方面都联系在一起的地方,我成长于铜带省,因而我有自己的理解,它当然也是关乎赞比亚的矿业的;它是关于个体与这个地方的联结,也是对历史的重新认知与重新讲述。我想要以此反观宏大的叙事,我所说的宏大叙事具体而言是本土与国际媒体上关于中非关系的话语,这些叙事对人们认知这些空间产生了巨大的影响,也加剧了某些叙事服务于政治目的。

张:系列作品《中比亚:报纸国度》(*Chambia: Creating a nation out of newsprint*)中,你用焊枪烧除报纸上一些词汇这个动作本身,以及你对这个动作所产生的空间的利用,像是你整个项目的一个隐喻。

第二部分　流动的异乡

姆：是的。烧除这些词汇是个非常费力的过程，但这是必要的过程。通过去除特定的词汇，我创造了一个基于我个人知识的不同叙事。在其中一件作品中，我将多孔的报纸粘贴到黄色的油布材料上，透过这些孔可以看到它明亮的颜色。这块油布原本是市场上一个摊贩用过的帐篷。我再根据堂弟的描述，画上标记"黑山"的等高线。在另一件作品中，我把这些多孔的报纸当作幕布，用来投影调研过程中拍摄的图片与视频。通常情况下，投射的影像无法透过报纸，但由于这些烧出的成百上千的孔，你能在幕布背后的墙上隐约看到图像。投射影像是为了强调我的故事、我堂弟的故事和其他在地的人们的故事。

张：你这些作品的创作过程似乎有某些相似之处，比如在你的丙烯画中，经常看到一些斑驳的图像，这样的效果也是通过不断刮去颜料和增加层次达到的，旧的层次不断被新的层次覆盖，但仍然依稀可见。在你的这个项目的作品中也使用相似但升级了的方式，也就是通过不断重复建构、解构和再建构的过程去达到一个多层次的视觉效果。

姆：这种多层次的手段是为了创造某种形式的重

非洲折叠

〔赞比亚〕斯塔利·姆瓦巴:《中比亚:报纸国度》,斯塔利·姆瓦巴供图

〔赞比亚〕斯塔利·姆瓦巴:《中比亚:报纸国度》系列,斯塔利·姆瓦巴供图

第二部分　流动的异乡

写本，也就是在被抹除了部分内容的已有文本上重新书写而成的文本。比如我作品中使用了殖民时期的地图档案，它们是为了标记开采矿产的位置，而我通过制图的方式创造新的层次，是为了讲述与之不同的、个体的故事。给钦戈拉"黑山"绘制的地图，是为了追寻我堂弟在其中的轨迹。这个过程非常重要。但我也在作品中使用其他技巧，火成为我在材料上创造标记的重要元素或工具，我从绘画开始，有时候也会使用一些与殖民时期开矿有关的历史图像，然后我开始用燃烧、摩擦或刮除的方式呈现包含新旧层次的图像。

张：这也指向对历史的重新学习和重新讲述，我可以说这是在创造你个人关于这个话题的新知识吗？

姆：我不知道我是否在创造我自己的知识，大部分都是已经存在于社区的知识，我只是通过我祖父母或我堂弟的故事让它们显影。它看起来像是新知识，因为我的外祖母可能不会被当作可信的知识来源。但它早就存在了，而且对于外祖母和我来说，它就是事实。这也是我所说的小叙事，我在以不同的形式将其呈现出来。所以，我并没有创造它们，我只是在讲述我的经验，在使用不同的知识来源。

张：见证这个项目的整个过程，我发现你对这个话题的思考和表达都有了很大变化。尽管你现在的作品更具有实验性，但你也更注重你想要通过作品传递的内容了。驱动你的是什么？

姆：现实与关系都是动态的，在地的交往互动时刻都有新的发展。对我来说，重要的是去提出与我和我的社区相关的问题。当我回到铜带省的时候，我发现许多事都说不通，这些裂隙让我对此越来越有兴趣。

张：就这个项目关注的主题而言，什么样的问题是相关的？

姆：当我们谈到中国在非洲，我们不应该把中国从全球中孤立出来，或者把当下的中国与西方国家或历史割裂开来看待。比如，事实与媒体报道间的裂隙让我意识到，相比于"中国在赞比亚买山"的叙事，有更重要的问题需要被提出。但甚至在我们开始质询这些山体是什么之前，人们已经聚焦于某座"黑山"，而不去质询我们的国家在矿产开采的过程中利益几何。再比如水污染，相比根据媒体报道把目光都放在某一家企业上，我更关心的是这些地方被污染这件事本身，由此我也开始了解历史语境，矿业污染一直是危害人们生活的重大问题。听当地人说得越多，我越意识到他们的叙事的重要性，这些才是现实与关系的反映。整个过程中，我不断地回到这些空间中，这不仅是关于过去或现在，也关乎这些空间的未来与希望。

张：你多次提到"未来"。

姆：我想我也在就未来提出问题，不断去除先验、重新学习的过程可能产生什么样的未来？如果我们从不同的视角观照历史与当下又会产生什么样的变化？

张：你觉得艺术能做什么？

姆：也许提出更好的问题吧。

第三部分

非洲折叠

9
"谁能代表非洲艺术?"

/ 程莹 /

近年来,非洲大陆南端的城市开普敦发生的一件大事,便是非洲当代艺术博物馆(Zeitz MOCAA——Zeitz Museum of Contemporary Art Africa)的盛大开幕。自此之后,作为最受欢迎的非洲旅游胜地之一的开普敦,又多了一个极具吸引力的地标。

工作日的清晨,我在开馆之前抵达博物馆时,世界各地的艺术爱好者们——从中学生到时髦青年再到白发苍苍的老人,已经在门口排起了长龙。位于繁华的开普敦"水前地区"(V&A Waterfront)的这座博物馆,常被拿来与纽约的现代艺术博物馆(MoMA)和伦敦的泰特现代艺术馆(Tate Modern)作比较,

非洲折叠

难怪人们要纷纷前来"朝圣"。

这座万众瞩目的博物馆,在建筑风格上就独树一帜。巨大的管状水泥底座上方,是一间间钻石形状的玻璃格子。很难想象这座建筑原来是一幢建于20世纪20年代的谷仓,逐渐废弃后,近年由英国设计师托马斯·赫斯维克(Thomas Heatherwick)改造完成。可供游人参观的博物馆共8层,共有80多间画廊,是目前非洲最大的艺术博物馆,也是为数不多的专注于非洲当代艺术的超大型艺术机构。

虽然地处非洲大陆的最南端,这座博物馆的首任艺术总监与策展人马克·库切(Mark Coetzee)强调,这是一个与全非洲54个国家和全球非洲流散人群对话的空间,"对所有人开放,代表所有非洲人,为非洲人提供一个参与书写其文化遗产的平台"。

也许正是这样的雄心壮志,为这座博物馆招来了许多非议。

第三部分　非洲折叠

非洲最大的当代艺术博物馆，巴纳巴斯·姆乌提摄影

非洲折叠

"年轻态"

这座博物馆不仅在建筑风格上十分先锋。收录的也都是集中于 2010 年之后创作的作品。除了肯特里奇（William Kentridge）等国际知名的南非艺术家外，也收录了不少非洲国家的青年艺术家的作品。这也是这座博物馆令人欣喜的地方，它象征着非洲当代艺术蓬勃的活力，不再纠结于某种意义上的"权威"标准，也打破了我们对非洲艺术的刻板印象——这里没有摆满陈旧的陶器和青铜，也不再只是充斥着古老的木雕和面具。穿梭在作品中间的，是许多打扮自信入时的本地青年人，询问讨论着有关作品的问题。而最妙的是，这些作品的大部分作者，正是他们的同龄人。

我还记得在玻璃的天台地板上，有白发的爷爷奶奶小心翼翼地扶着墙走动，不敢踏上也不敢低头看透明地板上令人眩晕的图案。那其实是多哥艺术家埃尔·洛高（El Loko）的作品。看来这是一座真正为"Instagram 一代"设计的博物馆。

第三部分 非洲折叠

年轻的观众,程莹摄影

博物馆顶层室外空间的透明地板,是艺术家埃尔·洛高的作品,程莹摄影

非洲折叠

盛宴

赫斯维克在设计中保留足够展览空间的同时,将粮仓的中部"掏空",由一架旋转楼梯连通地下 2 层到地上 6 层的展览空间。旋转楼梯的每一层,都能从不同角度看到一个由南非艺术家尼古拉斯·赫尔博(Nicholas Hlobo)设计的巨型艺术装置——一个以科萨族神话中雷电之鸟为原型的雕塑。装置以科萨语"iimpundulu zonke ziyandilenda"命名,意为"所有的雷电之鸟都跟随我"。

地下的展览空间,则保留了废弃谷仓复杂的管道,就势放置了安哥拉摄影师埃德森·查加斯(Edson Chagas)的作品。查加斯是近些年来崛起的非洲艺术家的代表, 他的有关卢安达的摄影展"卢安达:百科全书式的城市"(Luanda, Encyclopedic City)赢得了 2013 年威尼斯双年展的金狮奖。照片本身探索了都市空间的多种可能性与不可调和的对立关系——城市与乡村,基础设施和居民,垃圾堆与公共空间等。这些照片被非洲当代艺术博物馆的策展人制作成海报,放置在地下通道中,游人可以选取一张,把卢安达城市一隅的印记带回家。

第三部分　非洲折叠

一间展厅门上的涂鸦装饰,一种属于艺术家的有些可爱的幽默,程莹摄影

从地下展览层仰望尼古拉斯·赫尔博设计的装置,程莹摄影

当然,这里有许多我在课上给同学们讲授过的艺术家,比如,在世界各地最重要的博物馆展出的加纳/尼日利亚艺术家艾尔·安纳祖(El Anatsui),南非女性艺术家玛丽·西班德(Mary Sibande)和南迪帕·蒙丹保(Nandipha Mntambo),以及刚果(金)艺术家切里·桑巴(Chéri Samba),等等。除此之外,还能看到一些中国元素,当我在其中一层看到艾萨克·朱利安(Isaac Julien)的《万重浪》还有屏幕上的张曼玉时,有一种强烈的穿越感,但一时间没有琢磨明白其间的意义。

悖论

当你走近这座博物馆,仰头看到博物馆上方那些每间每晚售价 700 英镑到 8000 英镑不等的玻璃房子,以及周边干净整洁和现代化的办公大楼时,就不难理解有关这座建筑的那些沸沸扬扬的争论了。

这座非洲当代艺术博物馆其实也是一个聪明绝顶的投资方案。它的全名叫作蔡茨非洲当代艺术博物馆(Zeitz MOCAA),其中"Zeitz"就来自于其主

第三部分　非洲折叠

亲眼看到艾尔·安纳祖的作品，联想在尼日利亚垃圾场上回收的滤波片瓶盖如何被打造成这样一幅令人惊叹的作品。对我而言，这也算是特别值得的朝圣之旅了。程莹摄影

非洲折叠

玛丽·西班德是我很欣赏的年轻女性艺术家。80后的她的作品曾经成为英国博物馆特展的一部分。当然这些一点都不重要,更吸引人的,是她对后种族隔离时代南非社会性别、阶层和种族关系的深刻理解和干预。程莹摄影

第三部分　非洲折叠

南迪帕·蒙丹保的作品善于用各种自然有机材质如兽皮等制作雕塑与摄影作品，通过一系列材质上的对照关系，如人性与兽性、人类与自然等展现女性身体与身份问题。程莹摄影

非洲折叠

要投资者,运动品牌彪马(PUMA)的前首席执行官约亨·蔡茨(Jochen Zeitz)。这位商界大佬,很早就对非洲艺术情有独钟。博物馆中有大量他的私人收藏。也许是有太多西方艺术博物馆与地产商良好关系的先例(比如纽约和伦敦的艺术博物馆周边的地产,都因文化品位的提升而坐地起价),在这座博物馆本身真正完成设计方案前,其周边的地产就由彭博(Bloomsburg)、宝马和南非标准银行联合出资开发出售,可以说是相当成功。

在这个博物馆开放的两年前,我就对有关它的种种争论有所耳闻。南非作家和批评家马修·布莱克曼(Matthew Blackman)就曾写过一封义愤填膺、语重心长的公开信,请求投资者、设计者、策展人和公众警惕这座博物馆的一些危险走向——这是一家"由欧洲白人出资、欧洲白人设计、南非白人担任艺术总监"的博物馆。将其称为"西方博物馆的复制品"可能也不为过。而其运作理念与模式比起西方艺术博物馆只能是有过之而无不及。和泰特等艺术博物馆的不同之处在于,出资者、设计者和管理者对公众艺术的理解恐怕不太一样——在这家博物馆顶层酒店的露台,喝一杯白兰地要 200 英镑以上(必须要预定才可

第三部分　非洲折叠

入内），而在免费开放的泰特博物馆，普通人也能在那儿喝咖啡俯瞰伦敦。难怪有人觉得，某种程度上这座博物馆正是这个国家和这座城市最真实的写照——高楼大厦与贫民窟常常不过一街之隔。

要我说，不去喝那一杯天价白兰地也罢。最让人担忧的，是这家博物馆会不会像许多今日的画廊一样，又落入"黑人艺术家，白人批评家"的后殖民窠臼？

我们参观这座博物馆的时候，正值一年一度的"矿业大会"（Mining Indaba），世界各地的矿业大亨们汇聚开普敦，一时间机票和宾馆价格飞涨。也许这对开普敦的艺术界和画廊是个好消息，只是收藏家们又如何看待这些作品背后的故事呢？

毕竟，这座建筑里如此干净洁白的墙壁上挂着的那些艺术作品，大多数都来自混乱不堪的贫民社区，出自曾在苦难中挣扎的艺术家之手。这个安静、高大、前卫和现代化的展览建筑坐落在全非洲最昂贵的地皮上，它怎样才能和孕育非洲艺术品的那些泥泞、落魄、喧嚣的创作空间产生真正的关联？它能讲述非

非洲折叠

洲的文化和历史吗?谁又能决定谁能为非洲代言?

这个庞大的艺术空间为我们提出了很多问题,或许很难找到唯一的答案。这种巨大的反差和悖论本身,就是这片大陆惯常的回答问题的方式,也是许多非洲当代艺术创作的张力所在。

10
何谓当代？

/ 张丽方 /

作为一名在南非求学的艺术史系学生，我谈到自己的专业时常常要加上"非洲当代艺术方向"这一限定语，否则很容易遭遇与"某个原始部落的某种神秘面具"有关的问题。面对对方紧随其后的疑惑，我又必须列举一些参与过国际大型展览的艺术家，似乎与西方大师并列过的姓名才能佐证非洲艺术的"当代性"。我为何会遭遇这样的提问，又为何需要"合理化"所学的专业方向？而那些只被当地群体熟知的非洲艺术家，那些日常实践与艺术实践重叠的青年，他们中的许多人都对我认知世界产生过深刻影响，我又该如何理解并从艺术史的角度去定位他们？

非洲折叠

《1980年以来的非洲当代艺术》(Contemporary African Art Since 1980)是第一本系统性介绍近几十年非洲当代艺术发展的著作,它解释了我的"自觉"与困惑,并提供了一个可参照的分析框架。本书的两位作者奥奎·恩威佐(Okwui Enwezor)和契卡·奥科科-阿古卢(Chika Okeke-Agulu)都是非洲艺术领域非常具有影响力的学者,同时也是重要的策展人。这本书主要分为三部分,第一部分(即前三章)探究非洲当代艺术的一些核心议题以对其进行界定;第二部分(即后四章)则探讨非洲当代艺术的一些基本的主题与策略,包括政治批判、档案与记忆、抽象与具象、性别与身体等;第三部分是附录,包括非洲当代重要艺术事件、艺术团体、相关文献,以及代表性艺术家与作品索引。笔者对《1980年以来的非洲当代艺术》的主要内容进行梳理(篇幅所限,艺术主题部分将着重介绍其中一章的内容),并结合近几年的非洲当代艺术作品进行一些延伸解读。

第三部分　非洲折叠

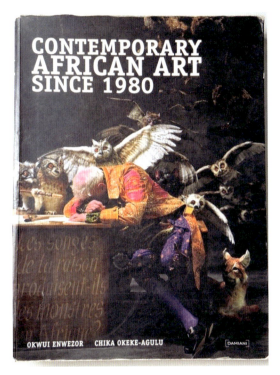

《1980年以来的非洲当代艺术》书影

非洲折叠

什么是"非洲"？何时为"当代"？

在展开对非洲当代艺术的讨论之前，恩威佐与奥科科—阿古卢首先提出了"什么是非洲"这个问题。面对作为定语的"非洲"，一些艺术家呈现出两极的倾向——或因其含义与"落后""边缘"绑定而在全球文化场域中感到不安，或因追寻"本真性"而对其过度认同。《1980年以来的非洲当代艺术》将非洲理解为不同社会政治经济力量塑造的多重文化空间。所谓"非洲的"并不是一个种族中心的、民族的、区域的甚或大陆的概念，而是连接着一系列文化传统、地缘政治空间和跨国经验的复杂网络，其中的每一个位置都取决于当下的世界和具体的历史情境。两位作者在"是什么"与"不是什么"的讨论中辩证理解"非洲"，与其说是对这个词的限定，不如说是对这个词的解放。具体而言，本书关注的是生活于非洲大陆、移民至欧美，以及在二者之间流动的艺术家群体。

对于"非洲当代艺术何时出现"这一问题，作者认为其以传统艺术风格（前殖民时期）和殖民主义的终结为前提，即在时间层面上，非洲当代艺术的存在首先是后殖民的。这一前提也决定了"非洲当代艺术

第三部分　非洲折叠

的产生"这个问题需要放置到与"传统"及前殖民者的关系中来考察。近三四十年间，随着许多大型策展项目的发生和大量非洲艺术家进入国际视野，和非洲艺术有关的话语权逐渐向艺术博物馆倾斜，而在这之前，民族志博物馆是相关讨论发生的主要场所——在其陈列的展品及相关文献中，非洲艺术是民族（种族）中心的，因此通常被放在"部落—风格"的范式中讨论，并借由"本真性""本土性"的概念指向一个恒定不变的"传统"。

20 世纪 20 年代，当西方现代主义艺术被一些非洲艺术家接受时，民族志学者对此进行了强烈的批判。他们认为，这些被西方艺术教化的精英会导致非洲传统的退化甚至消亡。这样的观点影响深远，体现在许多非洲艺术家结合西方现代主义语言进行艺术探索的 20 世纪六七十年代，甚至在 20 世纪 90 年代初举办的 20 世纪非洲艺术回顾展"非洲探索"（Africa Explores）中，仍有学者哀呼传统的消亡和当代艺术的孱弱。需要注意的是，这一观点背后的逻辑是西方/现代和非洲/传统的二元对立与不可调和性，这不仅忽略了前殖民时期非洲艺术传统的开放性、复杂性及跨区域交流的存在，也否定了自 20 世纪初以来一些非洲艺术家对传统及西方现代主义艺术有意识的反思与借鉴。正是在这样的背景下,《1980年以来的非洲当代艺术》的两位作者推崇流动的传统观,将当代艺术也纳入非洲艺术创作与艺术话语的(新)传统之中,从而超越了民族志或种族中心的框架,在具体的政治经济语境中分析艺术实践及其历史意蕴。

从"后殖民乌托邦"到全球化中的非洲当代艺术

在分析非洲当代艺术时,两位作者的重要参照是1945—1980年的去殖民运动及其形塑的认识论构架。这一时段(尤其在20世纪六七十年代)产生了许多探讨非洲自主性与现代性的思潮,尽管不乏质疑之声,独立初期的非洲国家围绕社会模式、政治机构、公民社会和民族文化等方面进行了积极探索。从这个意义而言,非洲当代艺术亦产生于去殖民主体的表达与实践。

在建设民族国家文化这一理念的驱动下,包括恩古吉·瓦·提安哥和钦努阿·阿契贝在内的非洲文学家展开了有关书写语言的论争,视觉艺术领域亦开

第三部分 非洲折叠

始告别殖民时期被民族志博物馆等机构体系化的"非洲艺术"话语,通过创作、批评、展览来呈现当时的后殖民状况,并强调艺术教育的去殖民。尼日利亚艺术家奥科科(Uche Okeke)在20世纪50年代末期就提倡艺术教育者在研究本土艺术形式的同时纳入西方美学知识,以形成"自然综合"(Natural Synthesis)。20世纪70年代,他将这一理念付诸实践,把尼日利亚南部的壁画与体绘的视觉语言纳入抽象绘画,推动了在尼日利亚影响深远的乌里(Uli)[1]艺术运动。

也是在这一时期,作为个体的非洲艺术家在与殖民艺术体系的拉锯中逐渐浮出水面。在此之前,民族志博物馆中陈列的非洲艺术品通常没有标注创作者,或是只标注以部落为代表的集体创作者。在非洲国家独立之后的很长一段时间内,在展览中拥有姓名的非洲艺术家常是相对西方现代艺术家的"滞后者",他们与西方艺术家不仅来自不同地理空间,且属于不同历史时间。甚至在20世纪下半叶的一些展览中,依然鲜见来自非洲的"同代"艺术家的作品,如在1984

---

[1] 伊博语,指尼日利亚东南部的一种艺术风格和技巧。

非洲折叠

年纽约现代艺术博物馆（Museum of Modern Art）的"原始主义"（Primitivism in 20th Century Art: Affinity of the Tribal and the Modern）展览中，与当代西方艺术家"原始主义"作品并置的，是属于过去的、"原始的"非洲艺术。

20世纪70年代中后期，"后殖民乌托邦"开始幻灭，而20世纪80年代新自由主义的结构性调整计划（Structural Adjustment Program）将脆弱的非洲民族国家推入新的危机——尼日利亚经历了20世纪70年代石油产业爆发所带来的短暂繁荣到20世纪80年代的通货膨胀与经济衰退；赞比亚经历了铜矿业的国有化转私有化，从最有希望完成现代化的非洲国家一落成为全球最贫困的国家之一。与之伴随的是严重的贪污、腐败、独裁等政治问题，这也是被哲学家阿希尔·姆本贝（Achille Mbembe）称为主体性危机的年代。这个时期，非洲社会经济危机和政治高压下的文化实践岌岌可危，艺术领域也从对国家民族文化及其语言的探索，转向了深刻的政治批判和对当下现实的介入，这一转向在某种程度上决定了此后非洲艺术的基调和图景。

第三部分　非洲折叠

20世纪90年代以来，伴随着非洲进入全球化新阶段，当代艺术的发展也呈现出新的面貌。一方面，以1989年蓬皮杜展览"大地魔术师"（Magiciens de la terre）为标志，非洲当代艺术开始进入国际视野。继1990年威尼斯双年展的非洲艺术家群展、1992年第九届卡塞尔文献展中来自塞内加尔和尼日利亚的两位艺术家亮相之后，非洲艺术家在国际市场上被进一步接受，并逐渐成为国际展览活动不可或缺的组成部分。20世纪90年代到21世纪初，许多关于非洲当代艺术的大型展览在欧美举办，其中比较重要的包括"有关非洲现代艺术的七个故事"（Seven Stories About Modern Art in Africa）（1995—1996年举办），"短暂的世纪：1945年至1994年的非洲独立和解放运动"（The Short Century：Independence and Liberation Movement in Africa，1945-1994）（2002年举办）和"非洲混音"（Africa Remix）（2004举办）等，一些来自非洲的策展人、艺术家和艺术史学者也在国际上声名鹊起。另一方面，非洲本土也开始出现一些艺术双年展和艺术机构：如达喀尔双年展（塞内加尔，1992）、巴马科摄影双年展（马里，1994）和约翰内斯堡双年展（南非，1995）等；拉各斯、亚的斯亚贝

非洲折叠

巴、开普敦等许多非洲城市都成立了当代艺术中心，约翰内斯堡和开普敦的艺术博览会也开始吸引越来越多的本土与国际收藏家。

随着艺术家、艺术品及思潮的流动，艺术中的民族国家问题逐渐被全球问题所替代，移民、全球化和地缘政治等议题成为流散艺术家作品中的显题。在这个过程中，"当代性"的焦虑已经彻底消失，开始出现关于"非洲"的新论争。当一部分认同于"世界主义"的艺术家开始拒绝"非洲艺术家"这一标签时，一些移居欧美的艺术家却成了"非洲艺术"的代言人。在非洲大陆生活的部分艺术家和策展人出现了"大陆主义"（continentalism）的倾向，他们认为在地（非洲大陆）艺术家相较流散艺术家更具"本真性"。归根结底，这是关于艺术资源和话语权的论争，关系到谁可见和谁定义"非洲艺术"的问题。

需要注意的是，《1980年以来的非洲当代艺术》中提到的"全球"仍是欧美中心的。而在当前实践与讨论中，近年一些艺术家、策展人及学者已经开始强调非洲各国及南方国家之间的互动。比如，新冠病毒感染疫情期间，被称为非洲最大的艺术博物馆的

第三部分　非洲折叠

蔡茨非洲当代艺术博物馆举办了一系列线上对谈活动，由执行馆长和主策展人对话非洲各国的艺术博物馆馆长，讨论艺术机构如何更加有机地生长并服务于其所在的现实与社群。该馆举办的"激进团结"峰会（Radical Solidarity Summit）主要邀请的也是来自非洲及其他南方国家的艺术实践者。此外，笔者所在的"非洲与南南艺术"（Arts of Africa and Global Souths）研究团队同样重视非洲、亚洲和拉丁美洲的学者及艺术家之间的互动。

介入：作为广义社会政治实践的艺术

上文提到20世纪80年代的艺术发展在很大程度上决定了其后非洲艺术的基本图景，表现为主题、形式及策略的多种转向，其中十分重要的一点是这一时期艺术的强烈政治批判性和社会介入性。在20世纪80年代的社会经济危机中，尼日利亚艺术转向了两位作者所称的"后殖民现实主义"，许多艺术家通过作品批判贪污、腐败及独裁等政治问题，积极介入公共空间的讨论，并不断与当局的审查压制角力；同时期塞内加尔的一些艺术团体与艺

非洲折叠

术运动则开始批判前总统桑戈尔（Léopold Sédar Senghor）的"黑人性"民族主义神话，并在国家主导的机构与体制之外寻找创作空间和艺术语言，如 1990 年前后短暂的青年艺术运动"清洁"（Sét-Sétal，沃洛夫语）中，艺术家们组织团体对城市进行清洁，并通过壁画、交通路口的雕塑等占领城市空间的艺术形式来批判后殖民政权的失败；而在东非国家肯尼亚，直至 20 世纪 80 年代，白人定居者的画廊仍然是主导艺术发展和掌控艺术话语权的主要机构，一些艺术家发起了"我们为了我们"（Sisi Kwa Sisi，斯瓦希里语）艺术运动，批判艺术领域的新殖民，并推崇"非主流"的艺术家，将艺术展带到内罗毕的街头与贫民窟中；同时，独裁统治下的刚果（金）艺术家通过作品呈现现代城市生活，埃及艺术家以世俗公民的形象对抗宗教激进主义的高压，南非艺术家则纷纷通过艺术参与如火如荼的反种族隔离运动。

在全球化和体制化的冲击之下，非洲艺术所承载的社会功能并未减弱，艺术实践对现实的关怀、批判与介入不仅体现在艺术创作的主题上，也体现在质料与创作过程中。一个例子是津巴布韦艺术家瓦伦·马

第三部分　非洲折叠

蓬德拉（Wallen Mapondera）创作于 2019 年的装置作品《回家》（*Kudzoka Kumba*），呈现了一个破败的、摇摇欲坠的"家"，以此叩问在一个失败的后殖民国度何以为家。艺术家创作这件作品所使用的材料，是他于 2019 年初在津巴布韦首都哈拉雷的一次清理行动[1]后的狼藉中捡拾的帐篷。另一个例子是南非艺术家加布里埃尔·歌利亚（Gabrielle Goliath）的作品《这首歌献给……》（*This Song Is for…*）。她的作品聚焦性别暴力，通常以漫长的调研过程为基础，并以与相关社会群体合作的形式呈现。《这首歌献给……》是她为数位性别暴力受害者和幸存者创作的影像装置作品，影像中演唱着幸存者所选歌曲的女性或酷儿艺术家在不断重复某句歌词的数分钟过程中，激活了现场观众对他者痛苦的想象与感知。

---

[1] 21 世纪初以来，津巴布韦深陷经济危机，失业率高达 70%~80%，许多人背井离乡到海外谋生，也有一些人在城市贩卖小商品养家糊口。2005 年开始，津巴布韦当局多次对这些人生活工作的非正式居住区进行暴力清理，但却没有出台相应的安置政策。

非洲折叠

〔津巴布韦〕马蓬德拉:《回家》,张丽方摄影

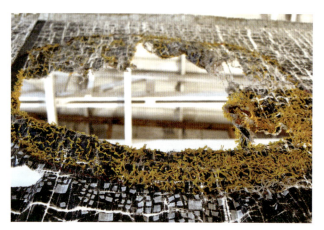

《回家》细节,张丽方摄影

第三部分　非洲折叠

〔南非〕歌利亚,《这首歌献给……》,张丽方摄影

艺术家歌利亚站在作品前,张丽方摄影

非洲折叠

非洲艺术实践介入广义社会进程的例子,还包括近几年许多艺术家主导建设的艺术机构和空间。在哈拉雷的贫民窟姆巴雷(Mbrare),一群青年艺术家将殖民时期建成后被废弃的啤酒园改造成艺术空间,以促进艺术的创作交流及社区发展。另一位更具革命性的青年艺术家马哈马(Ibrahim Mahama)在加纳北部城市塔马利(Tamale)建了三个大型当代艺术中心及艺术创作基地(Savannah Center for Contemporary Art, Red Clay Studio, Nkrumah Volini),这些空间内的展览、档案及图书馆都免费向公众开放。此外,马哈马还与当地的学校合作,为中小学生举办系列工作坊,试图通过艺术及以其为载体的历史、科技和观念去改变下一代对社区和未来的想象。

有意思的是,在建设这些机构初期,马哈马拒绝接受其他资金,而是用自己艺术创作获得的收入来创办和维持这些机构及其运营。他通过国际艺术市场获取物料资本,又以不同于资本主义的逻辑在加纳开辟了一个另类的公共空间,将物料资本转化为思想资源,来探索社会变革的更多可能性。就这个意义而

第三部分　非洲折叠

姆巴雷艺术空间（Mbare Art Space）部分俯瞰图，大卫·布雷热（David Brazier）摄影

艺术家莫法特·塔卡迪瓦（Moffat Takadiwa）在姆巴雷艺术空间的工作室，张丽方摄影

言，与其说"当代艺术"是马哈马等非洲艺术家的终点，不如说是他们实践的起点。[1]

---

[1] 本文原载于《信睿周报》第 59 期，略有调整。原文标题《边界、线索与策略：非洲当代的艺术探索》，参见 https://mp.weixin.qq.com/s/__5A34U4pXGx8RX783pzMA，2021 年 10 月 1 日。

11
这里没有沉默

/ 程莹　张丽方 /

第一次来南非调研之前的 2013 年夏天，我在布朗大学戏剧与公民社会项目上结识的南非女导演萨拉·马切特（Sara Matchett）就向我热情推荐了南非小镇东开普省格拉罕镇[1]每年一度的艺术节。虽然也参加过其他大城市的艺术节，比如爱丁堡的艺穗（Fringe），对这个非洲大陆上最大的艺术节还是充满了向往。从 2017 年开始，我和位于这座小镇的罗德斯大学艺术系的茹丝·辛巴奥（Ruth Simbao）教授

---

[1] 就在我到达格拉罕镇的几天前，这个城市被南非政府重新命名为马坎达。有关更加详细的小镇历史，可参考本书中张丽方的文章《马坎达的幽灵》。

非洲折叠

开始就"非洲与南南艺术"项目合作。丽方后来也加入了辛巴奥教授的团队攻读硕士和博士。和以往的许多次心血来潮的旅行不同,格拉罕镇,应该说很早就是我心仪已久的非洲小镇了。

南非国家艺术节每年6月底都在格拉罕镇举办,至今已经有44年的历史。说起来要到格拉罕镇还不是件易事。前一天从北京经由香港转机花了20多个小时到约堡,再从约堡飞到伊丽莎白港,而格拉罕镇距离伊丽莎白港还有100多公里的车程。大概因为内心的热望,这一路竟也显得没那么漫长。

2018年,南非国家艺术节的策展主题是"声音与沉默"(Voices & Silence)。这一年恰逢南非伟人曼德拉和艾伯蒂娜·西苏鲁(Albertina Sisulu)100周年诞辰,也是政治家罗伯特·索比夸(Robert Sobukwe)逝世40周年,联系近期南非社会备受关注的学生抗议运动和土地问题等现实论争,各种艺术形式以此为契机展开对国家历史和公共议题的反思。从6月28日开始,在长达11天的艺术节中,艺术家们通过戏剧、舞蹈、音乐、电影、表演和视觉艺术、

第三部分　非洲折叠

艺术节期间的罗德斯大学和大学所在的格拉罕镇，程莹、张丽方摄影

非洲折叠

对话讲演、集市等方式,揭示并拆解带有偏见的历史叙事,反思这些历史对当下公共关系和公民身份认同的持续影响。身体、符号和不同的媒介形式成为发声的工具,以回顾、质疑和重塑被忘却的历史记忆。

按丽方的说法,整个城镇平时一直是处于静音模式。那么艺术节期间,全城都调到了"震动"模式,熙熙攘攘的集市和露天的舞台,都是艺术节的一部分。街角的开放麦(open mic)环节和全国各地聚集而来的流动市场,让普通人能随时随地参与到艺术活动中。

艺术与去殖民

艺术节期间大大小小的几百场演出和展览遍布全城,在街角铺天盖地的海报中你一定能找到熟悉的非洲艺术家和艺术团体的名字。几年前在开普敦做调研时,我曾居住于著名的肢体剧团磁石剧院(Magnet Theatre)所在的街区,并收集了该剧团近十年的作品演出录影。所以这次在来之前,我早早就在艺术节图册上锁定了磁石剧院的名字,到达小镇的第一天清晨，就去看了他们的演出。

这次该剧院带来的作品《23年1月零7天》(*23 Years a Month and 7 Days*)，选取了一个特殊的视角，重现2015年开始的一系列学生抗议运动，例如，"罗德斯必须倒下"(Rhodes Must Fall)和"学费必须下降"(Fees Must Fall)。剧团所使用的道具和场景极其简单，主要依赖充满张力的肢体形式讲述一位女学生在政治运动中积极探索个体身份认同的历程。

始于南非、不断扩展至欧美教育机构的倒下主义运动(fallist movement)是由南非青年学生发起，关注教育去殖民、教育与社会公平等议题的一场重要的社会运动。这部作品选取了一个更加边缘的视角——来自南非贫困地区波特斯菲尔德(Potters Field)的大一年轻女性如何在新的政治和社会语境中重新理解自我实现。虽然近年来处理倒下主义运动的文艺作品有不少，但女性的声音和处境在男性主导的暴力运动中时常被忽略。

磁石剧团致力于培养年轻的戏剧演员和戏剧行业

的从业者。这部戏的主创团队，正是他们长期以来扶植的戏剧实习计划和青年就业计划的成员。和我在戏剧节上及既往的调研中所感受到的类似，那就是南非的青年戏剧实践者似乎总是能够对当下正在发生的社会事件给予最即时的反馈，戏剧和表演本身成为他们理解与应对社会现实的一种方式。我想这个表演打动我们，不仅因为它的当下性帮我们更好地理解了平日里在南非金山大学和开普敦大学结交的年轻朋友们，更因为它给了我们这些同样曾经作为"小镇做题家"的女性一次跨越时空严肃地思考自身与社会政治关联的契机。

除了这部作品，本届艺术节上还有许多回应南非当下去殖民社会运动主题的作品。值得一提的是，南非具有百年历史的罗德斯大学坐落于艺术节所在的小镇，这座大学的名称来源于殖民者塞西尔·罗德斯（Cecil Rhodes），他一手建立了罗得西亚殖民地并试图建设从开罗到开普敦的铁路以维护英帝国的统治。上文提到的从 2015 年开始的南非"倒下主义"社会运动就始于开普敦大学的"罗德斯必须倒下"（Rhodes Must Fall）运动。开普敦大学的学生们推倒罗德斯雕像以象征教育的去殖民化，而坐落于艺术节小镇的罗德斯大学管理层也因学生运动的压力不得不再次将更改校名提上议程。正是在这座以殖民者罗德斯命名的高校一隅，津巴布韦艺术家莫法特·塔卡迪瓦的墙上装置作品使得艺术与空间的互动更具意味。《可理解的语言》(*Understandable Language*）所用材料为废弃电脑键盘，这也是他2017年伦敦个展《你好！英语》(*Say Hello to English*）这一创作线索的延续。艺术家以语言问题切入，探讨的正是去殖民的议题。莫法特·塔卡迪瓦告诉我们，身处于非洲识字率（指英语读写能力）最高的国家，他一直在思考殖民语言对本土文化的影响，南非学生抗议运动是他开始创作这一系列作品的契机，其中一件雕塑即命名为《罗德斯的倒下》(*The falling of Rhodes/ia*）。艺术家破坏完整键盘——一种语言输出工具——并重新组合，这一动作本身既是通过艺术创作呼应学生运动，也象征着去殖民化并建立新的叙事的过程。

非洲折叠

〔津巴布韦〕莫法特·塔卡迪瓦:《可理解的语言》,装置艺术,张丽方摄影

第三部分　非洲折叠

马坎达的脉搏

我关注的另一个作品来自名不见经传的本地黑人青年舞蹈团体维亚卡西舞团（Via Kasi Movers）的当代舞蹈作品《马坎达韵律》（*Rhythm of Makhanda*）。之所以在繁杂的节目手册中选择这出戏，是出于一点点私心。在节目手册上仅有的几句介绍中，我发现这个剧团和我在拉各斯研究的青年剧团十分地相似。这部作品和艺术节的绝大部分作品不同，不在热闹的大学和市中心，而是选在地点较为偏远的黑人聚居区（township）里的公共议事厅演出，门票也更加便宜。当我们沿着导航的指示寻找演出场所时，同行的伙伴们都怀疑是不是看错了地点。我们到得有点早，演员们都还没场。按照以往的经验，我们在所谓的黑人聚居区中要稍加注意。可没几分钟，我们就放松了"警惕"，去对面的小杂货店买可乐，去周围的教堂参观一场盛大的社区葬礼，和镇里的孩子们嬉戏玩耍。在等了大概一个小时以后，我们被告知，演出可以开始了。

考虑到艺术节所在城市正式更名的背景，这部作品题目中的"马坎达"其实意味深长。大概在作品上

非洲折叠

映的十几天前,南非文化部宣布将艺术节所在地东开普省的格拉罕镇重新命名为马坎达。要知道,格拉罕镇的命名缘于殖民史上最残忍的英国上校约翰·格拉罕(John Graham),对于本土居民来说,这个名字无疑是痛楚的殖民回忆的象征,而新的名字——马坎达,则来源于勇于抵抗殖民侵略的科萨族勇士和先哲马坎达。这个黑人青年舞蹈团的作品,回应了这一命名事件,并且青年舞者选择混编各种舞蹈形式讲述他们对地方历史的见解。

维亚卡西舞团是格拉罕镇(也就是现在的马坎达)的一支本地潘祖拉(pantsula)[1]舞团,他们参加过包括国家艺术节在内的多个艺术节和舞蹈比赛。维亚卡西舞团对马坎达历史的阐释似乎也与政府官网的对城市更名的阐释不同,这些年轻人的历史知识更多来自一种口述和肢体记忆的传统,他们对历史的理解并不基于书本,而是家人与长辈的生命轨迹。在2016

---

[1] 潘祖拉是南非黑人青年重要的流行舞蹈文化之一。这种表演文化最初起源于20世纪50—60年代的黑人聚居区,是种族隔离时期重要的具有反抗色彩的公共表演形式。想更多地了解这种流行文化与黑人青年舞者的境遇,可以观看有关这种舞蹈文化的纪录片《非洲密码》(*The African Cypher*, 2012)。

年的参演作品中,维亚卡西舞团选择用舞蹈作品的形式质疑当地政府一直以来对本地青年艺术家的忽视,"他们只在需要举办艺术节、向外部世界展示小镇的时候才会想起我们,但是谈及表演的报酬总是沉默"。舞团的年轻人将他们的作品命名为《马坎达韵律》,或许从真正意义上代表了马坎达以及许多南非小镇的脉搏。

寻找"乌班图"

本届年度艺术节青年行为艺术家奖获得者南非艺术家楚玛·索珀特拉(Chuma Sopotela)将目光投向黑人聚居区和街头流浪的黑人儿童,并与巴勒斯坦艺术家艾哈迈德·托巴西(Ahmed Tobasi)和孩子们共同完成了她的作品。"Indlulamthi"为科萨语,其字面意思为"比树更高的"。艺术家以此形象比喻并赞美那些儿童,其创作的主要意图是让这些见证艺术节的熙熙攘攘却被边缘化的孩子们能够参与其中,并探讨社会历史现实和被忽略的他者之间的关系。

这部作品在艺术节结束的前两天才压轴呈现。表演时长一小时,观众追随着艺术家从山脚出发直到山

非洲折叠

舞蹈作品《马坎达韵律》,张丽方摄影

《马坎达韵律》表演场所旁的小教堂,程莹摄影

第三部分　非洲折叠

顶的纪念馆广场，整个表演都在山路和路边的树丛中呈现，直到最后以落日和山脚下灯光闪烁的小镇为背景，效果十分震撼，观众的掌声伴随着孩子们一一离场。这部作品将被迫迁移、流离失所的巴勒斯坦人的处境和这些仍然受种族隔离制度影响着的黑人儿童的命运相联系，并在表演中实现巴勒斯坦现实状况在南非语境的嫁接，如孩子们捡起地上的石子向纪念馆前一道墙上用力投掷的反抗动作，影像装置中同时出现"还我土地"等标语。然而其中最动人也最存在争议的部分即孩子们的表演，作为行为艺术作品，参与者必须充分知晓并理解作品的概念，然而这些在演出前后十分兴奋的孩子们是否明白他们的歌声、舞蹈和动作中所表达的含义呢？参与创作的巴勒斯坦艺术家艾哈迈德·托巴西告诉丽方，他们的初衷是让这些孩子真正参与艺术节、通过作品表达自己，并让他们知道有人与他们命运与共、理解他们过去和当下的处境。然而，孩子们如果并没有真正理解作品中具有明显指涉性的动作与符号，艺术家的初衷又是否能够真正达到呢？

　　本届艺术节开幕展的主题"乌班图"（ubuntu）是非洲关于人之所以为人的价值观，核心正是人与人

非洲折叠

〔南非〕楚玛·索珀特拉:《比树更高的》,张丽方摄影

第三部分 非洲折叠

之间的关系,对其最精要的概括被书写在展厅中央的横梁上"umuntu ngumuntu ngabantu",大意为"人之所以为人是因为他人"(A person is a person because of other people/I am because you are)。开幕展在纪念馆主展厅举行,展出作品来自杰拉德·塞科托(Gerard Sekoto)、杜米尔·费尼(Dumile Feni)、威廉·肯特里奇(William Kentridge)等南非当代重要艺术家,旨在于南非民主转型24年、曼德拉诞辰100周年之际,通过艺术作品回顾南非当代语境中的乌班图。视觉与行为艺术的总策展人欧内斯汀·怀特–米费图(Ernestine White-Mifetu)在开幕式的讲话也旨在阐释乌班图理念,它与平等及相互尊重、社会正义与公平息息相关,强调人与人相互依存的关系和彼此之间的责任。

我与丽方共同参与的罗德斯大学艺术系的研究团队"非洲与南南艺术"所策展的"汇聚"(Converge)在某种程度上也呼应了乌班图主题,这是来自尼日利亚、加纳、南非、赞比亚、津巴布韦等多国艺术家的群展。正如字面所言,"汇聚"是不同地域、不同声音及包括绘画、装置在内的不同类型的艺术作品在同一

非洲折叠

以"乌班图"为主题的艺术节开幕展览现场,张丽方摄影

第三部分　非洲折叠

空间的呈现，而艺术家之间的合作及作品之间微妙的对话则支撑起这个空间的意义。展览中来自南非和赞比亚的四位艺术家合作了装置及行为艺术作品《电子垃圾葬礼》(*E-waste Funeral*)，艺术家们提出的问题是：当我们将电子垃圾丢到"他处"时，是否想过"他处"是他人的生活空间，表达的也同样是对他人境遇的关切及人类个体的责任。

寻找"乌班图"并不是关于平等和谐的陈词滥调，乌班图也不是一种固定标准、有着统一定义的价值观念，正相反，这种精神传递出一种无限可能性和活力，它包含冲突与和解，隔阂与联系，包含着认同及对认同的质疑，包含着多数人的声音和少数人掷地有声的沉默。而人和人真正彼此相关的前提是个体去想象和行动的意愿，首要的即是关切并理解他人、群体、社会的境遇，从这个意义上说，乌班图体现在艺术节的角角落落，对乌班图的寻求也是非洲当代艺术的一种精神——不是抽象地将艺术创作的意义悬置于现实上空，而是深入现实的腹地和海底，去关心真正发生了什么，关心人与人、人与世界的关系，实现艺术介入现实的诸种可能性。

非洲折叠

我们共同参与的"非洲与南南艺术"项目研究团队在马坎达有自己的艺术展览空间和工作空间,取名生点画廊(RAW Spot Gallery)。程莹摄影

本届国家艺术节期间,张丽方在生点画廊主持一场与南部非洲视觉艺术家的座谈。巴纳巴斯·姆乌提摄影

第三部分　非洲折叠

"这里没有沉默。"

这是南非国家艺术节策展人、艺术家和观众们的集体宣言,也是非洲文化的一种姿态。

12
非洲科幻不是舶来品

/ 程莹 /

在20世纪的西方经典文学叙事中，非洲总是被笼罩在"过去"的阴影中。而在人们朴素的印象中，科幻作为一种面向未来的体裁似乎距离非洲十分遥远。那么，非洲大陆有自己的科幻传统吗？

如果要快速地了解非洲的科幻小说，可以从一本书——非洲短篇科幻小说集《非洲未来主义选集》(*Africanfuturism: An Anthology*)开始。这本书由著名的非洲文学网站"脆皮纸"(Brittle Paper)与尼日利亚小说家沃莱·塔拉比(Wole Talabi)联合编辑，汇集了8篇来自尼日利亚、乌干达、博茨瓦纳、塞内加尔等不同非洲国家的科幻作者的作品。

第三部分　非洲折叠

　　作家们对未来的想象各不相同,其中一篇《葫芦果》(*Fruit of the Calabash*)读来颇有亲切感,让我想到许多在尼日利亚调研和生活的场景。故事发生在西非国家尼日利亚首都阿布贾的一家私人生殖医学诊所。主人公马塞索曾是尼日利亚国立医院生殖科的医生,她从公立医院辞职以后开了一家私人诊所,主要服务于有生殖困难的达官显贵和社会精英。在这家诊所的实验室里,新培育出的胎儿在一排排葫芦形状的人工子宫中成长。马塞索的一位顾客是国会议员伊迪斯和他的太太。马塞索小心翼翼地反复检查她的实验方式和操作流程,可不幸的是,她发现自己为议员夫妇培育的第二个胎儿也奄奄一息。而在此之前,暴躁跋扈的议员伊迪斯曾扬言,如果这次仍然不成功,那么他将让马塞索的诊所和实验室"从此消失"。

　　就在马塞索感到焦虑不安的时候,她的助理伊果悄悄告诉她,议员之子屡次培育失败很可能是一种"报应"。因为坊间传言,伊迪斯是用了"邪恶的juju民间魔法"才换来今日的政治权力和财富。一直接受现代医学教育的马塞索自然不买账。可伊果还是偷偷请来了她的姑妈——一位"科学占卜师"(scibabalawo)。姑妈将议员夫妇的胎儿从洁净的实验室挪到后院的泥土堆并用河水施以传统仪式的时候，胎儿竟有了复活的迹象。

这篇小说的故事情节并不复杂，却非常有代表性——未来科技总是与现实世界、传统的仪式和信仰元素密切纠葛。在作家身份之外，作者拉菲亚特·阿里宇（Rafeeat Aliyu）还是一名记者。他笔下的未来世界总是尖锐地折射出现实镜像：贪婪的官员与滥用职权的医生、被生育和母职捆绑的女性、严重等级化的城市空间结构等。比如，作者在人物和故事场景的铺陈中，寥寥数语就带出了近几十年来非洲公立医疗体系和基础设施私有化带来的严重后果——公共资源不断向极小部分的上层倾斜，普通人无法享受最基本的水电、医疗和教育等公共服务。再比如，未来世界中的空间穿行、严格的安保其实也反映着当下城市化过程中愈加严重的空间区隔。在向城市边缘无限蔓延的贫民窟中，人口密度不断激增，汇集了大量的无业人士，被视为"肮脏"与"危险"的地带。而在小说的结尾，那个被河水洗礼，偏要在泥土中而非无菌实验室里生长的胎儿，则颠覆了"肮脏"与"洁净"、"神圣"与"污秽"的界定。作者通过医学与传统的谜题，向政府治理者所信奉和推崇的新自由主义发展逻辑表达质疑。

诺莱坞、宇宙观与社会想象力

这篇小说里最核心的元素是"juju"巫术和助理伊果的姑妈——一位"科学占卜师"(scibabalawo)。传统占卜师巴巴拉乌(Babalawo)是西非约鲁巴信仰文化中的重要角色,他们通过一种被称为伊法(Ifa)的占卜仪式回溯过往、拷问现实、预言未来。中国读者或许更熟悉的诺贝尔奖和布克奖获得者沃莱·索因卡和本·奥克依等作家的小说中,也能见到这个角色。只不过在非洲未来主义的小说里,巴巴拉乌可以借助现代网络技术来完成他们的仪式过程。小说中助理伊果口中那个"传闻",即一手遮天的议员靠"juju"巫术来获得权力与财富,巧妙地折射了一种当下主流的社会想象,一种底层民众对腐败文化的理解方式——人们普遍相信政治精英和资本家往往通过不可告人的非法手段积累财富、相互勾结,在民间叙事逻辑中,这些隐秘的方式往往被用传统信仰体系中的"juju"巫术来指代。换言之,传统"巫术"正在成为一种重要的讨论政治腐败和贫富分化等公共议题的方式。

非洲折叠

值得一提的是,在从 20 世纪 90 年代开始出现在尼日利亚、至今已成为全球第二大电影产业的诺莱坞电影中,各种情节片、犯罪片、动作片里最核心的主题就是"juju"。传统的巫术、占卜情节和超自然力量等极其贴地的"迷信"主题备受观众追捧,但也因如此遭到知识精英猛烈地批判。在专门售卖诺莱坞电影碟片的拉各斯伊杜玛(Iduma)市场上,每周都能看到十几部新电影上映的海报。我曾多次在尼日利亚朋友家同他们的家人一起观看这些影片,其中那些看似荒诞不经的"juju"母题(比如,主人公通过杀妻献祭来获得财富并最终受到惩罚)往往会激起人们最激烈的情感反馈。我还记得在朋友家看电影的时候,常常断电,这时候他们不得不频频起身去院子里打开几乎每家每户都有的发电机。无论是我曾经生活过的伊巴丹和拉各斯,都经常发生"油荒";有时去加油站排队也买不到油,发电机就没法用。在一片黑暗中,朋友们总会感慨:"你看,这就是尼日利亚——号称非洲最大的石油输出国,简直是个笑话。" 在这些共享愤怒与无奈的时刻,我时常切身地感受到大众文化表达与消费之于普通人的意义。这些被知识精英鄙夷的文化制品的流行,并非一种走向迷信与反科学的"社会倒退"。它们是被排除在公共领域之外的普罗大众对等级化的社会结构进行阐释与批判的一种方式。

不夸张地说,以"juju"为代表的本土信仰传统已经成为当代非洲文学和艺术形式的母题之一。当代非洲最知名的科幻小说家、尼日利亚青年女作家奈迪·奥考拉芙(Nnedi Okorafor),曾将自己的科幻题材创作称作是"Africanjujuism"(意为非洲的未来主义)——她认为非洲的科幻作品应当是真实存在的非洲信仰、宇宙观和想象力的结晶。她之所以毫不避讳地引用"juju",是为了突出其创作中的非洲中心意识,强调在非洲科幻题材的创作并不是一个"舶来品",而是对本土叙事传统和信仰文化的自觉引用。

回到过去

未来与传统的深度纠葛,让非洲当代科幻小说的时间结构愈加复杂。在我看来这是非洲科幻题材最突出的特征之一。在这些作品中,最重要的不是凭空幻想科技的未来,而是回到过去和历史。与传统信仰体系紧密相关的时空结构,为我们勾勒出一种非线性的时间观和思考现代性的路径。当代非洲书写中的这一

非洲折叠

倾向也显示出,在全球化时代,传统思想不断提供着反思现实社会变迁的动力,是当代非洲话语实践和人伦日用的重要组成部分。

从这个角度看,这部小说集中收录的奥考拉芙本人的短篇小说《日出》更像是一种有关非洲科幻题材的"元叙事",它讲述的是一位女性科幻小说家登上一架全透明的飞行器回尼日利亚老家探亲的际遇。在这篇小说中,作者巧妙地刻画了候机时偶遇的一位美国白人男性记者和粉丝对非洲科幻创作者充满傲慢的误解。这种处理让这种科幻小说本身也带上了文学批评的色彩。作家以一种近乎戏谑的方式挑战着读者的神经,敦促其反思自身目光中那种"无意识"的西方中心主义。

对于多数人来说,非洲常被置于世界文学图景的边缘地带。纵然阿契贝的《瓦解》常被作为代表性的文本加入世界文学的经典阵列,阿迪契(Chimamanda Adichie)等年轻小说家的名字也越来越频繁地亮相大城市的前沿书展,但世界对非洲文学和艺术的想象依然十分单调和模糊。2000年以来,非洲大陆上涌现出了愈加多样化的文学风格和表达,

第三部分　非洲折叠

年轻的作家们迫切地回应着急剧的社会变迁，也与阿契贝、索因卡和恩古吉等经典作家形成了富有张力的对话。简而言之，年轻一代的作家不再满足于过去批评界所纠结的"向外书写还是对内言说""本土还是流散""现实主义还是'去现实化'"等二元论的讨论。他们就像那些非洲口头故事中的机智人物（trickster）一样，穿梭于大陆内外的文学节日与出版商之间，拒绝来自外部世界的单一叙事，试图找回自主定义"非洲文学"的权利。这种态度集中体现在当下科幻题材的创作中。

对于这些年轻的非洲作家来说，科幻小说不仅是一种方兴未艾的文学形式、一种极具政治性和社会性的表达，也是一场有关"何谓非洲文学"的对话。正如乌干达科幻小说家迪尔曼·迪拉（Dilman Dila）在一次访谈中所言：

"当有人声称科幻体裁对非洲来说是陌生的、这种体裁在非洲没有观众时，我想问：他们说的是哪个非洲？当有人说非洲人还没有准备好消费科幻时，他们真正的意思是什么……非洲人可能对美国队长、星球大战或蜘蛛侠无感，但我们喜欢读约翰·阿基－布亚（乌干达跨栏运动员）跑得比赛车还快的故事，我们的传说中有比路桥更坚硬、可以跑卡车的高大乔木，或者就像诺莱坞电影那样，我们随时准备进入那个充满'juju'与幻想的平行世界。"[1]

非洲的未来与中国：从"约堡2020"说起

2016年，我在南非约翰内斯堡的一家书店无意间翻开了一位叫邦加尼（Madondo Bongani）的媒体人写的随笔集《叹息，心爱的国家》(*Sigh, the Beloved Country: Braai Talk, Rock 'n' Roll & Other Stories*)，其中收录的一篇题为《约堡2020》(*Jozi 2020*)的小说吸引了我的注意。在这个篇幅极短的虚构作品中，作者想象几年以后的约翰内斯堡变成了一个由华裔市长执政的、被中国元素"占领"的城市。邦加尼不是唯一一个这样想象非洲未来的作者。近年来非洲本土的文学和艺术创作中，中国在非洲开始成为作家和艺术家们格外关注的议题。我

---

[1] 参见 https://africasacountry.com/2021/07/makeshift-modernity，2021年7月28日。

第三部分　非洲折叠

觉得这是值得我们关注的面向。

近年来在不同的非洲国家和城市,我遇到了不少提及中国的非洲文学和艺术作品:津巴布韦女作家布拉瓦约(NoViolet Bulawayo)的小说《我们需要新名字》(*We Need New Names*,2013)其中一个章节就发生在中国人承包的建筑工地上,尼日利亚戏剧家奥索菲桑(Femi Osofisan)以尼日利亚的中国家庭为背景改编了曹禺的经典剧本《雷雨》。此外,还有阿迪契的《美国佬》(*Americanah*,2013)、塞菲·阿塔(Sefi Atta)的《一点点不同》(*A Bit of Difference*,2013)、南非艺术家肯特里奇的展览《样板札记》(2015)、刚果(金)艺术家塞米·巴洛吉(Sammy Baloji)的系列摄影作品《回忆录》(*Kolwezi*),等等。这些作品就中国在非洲的基础设施建设、对非投资、"中国制造"商品等话题展开讨论。这也从一个侧面反映出,非洲知识界和艺术界正将中非交往看作全球化时代非洲人面临的最重要的议题之一。

其中给我留下深刻印象的一部作品是刚果(金)作家布冯(In Koli Bofane)的《刚果有限

非洲折叠

公司：俾斯麦的遗嘱》(Congo Inc.: Bismarck's Testament)，这部小说并非一部科幻作品。但其中的诸多元素，尤其是对中国在非洲的未来世界中所扮演的角色的想象值得关注。在这部小说中，作者并未将中国角色处理为一个装饰性的话题，而是给其增添了更多历史与当下的厚度。这个文本的重要性在于，这也许是非洲现当代小说中第一次出现形象丰满且真正深入本土生活的中国人物。

小说以伊索康佳（Isookanga）——一个刚果丛林部落的青年人的故事为开端。伊索康佳对平静的乡村生活感到厌倦，他酷爱电子游戏并自认为是一个彻头彻尾的"世界主义者"，因此选择只身来到大都市金沙萨闯荡。在金沙萨，伊索康佳误打误撞进入了一群街头青少年组成的帮派（shégués）。在他们居住的集市上，伊索康佳结识了一个被中国老板欺骗而流落街头的四川人张夏。张夏的妻儿生活在重庆，他之所以留在金沙萨、每天在市场上售卖饮用水也是迫不得已。当初张夏心怀"非洲淘金梦"来到刚果，现如今两手空空，没了回去的资本。

在青年帮派发起的一次抗议运动中，张夏起到了

第三部分　非洲折叠

关键作用,他给这些街头年轻人充当"军师"并向他们传授毛泽东的革命哲学。小说的第二章,题目就叫作"纸老虎"。在这个文本中,中国被呈现为复杂的本土时空变迁的一部分:满口毛泽东语录的张夏代表着一种民间记忆中的亚非"革命叙事",同时又带有"东方发展模式"的印迹(小说中曾提到,第一次见到张夏的刚果人都觉得他长得像邓小平)。有趣的是,作者始终将这个中非故事嵌套于一个更广阔的全球视野之中——张夏与伊索康佳一同制作的饮用水被包装成"瑞士纯净水"——因为在当地人眼中,瑞士代表世界上"最洁净的地方";伊索康佳玩电子游戏的电脑是他从一个在刚果做田野调查的比利时女学者那儿偷来的,而他家乡唯一的网络信号塔则是中国公司搭建起来的;张夏留守重庆的妻子制作的小手工艺品会被运到布基纳法索、塞内加尔或阿联酋,再作为旅游纪念品销往世界各地;而小说题目中"俾斯麦的遗嘱",显然又指向了1884年殖民帝国瓜分非洲的历史及其与当下非洲政治格局间的关联。

　　伴随着个体故事照进宏大地缘概念和历史事件之间的裂隙,一种非洲的"全球化"图景在喧嚣的集市和教堂里、在大国贸易与资源争夺的网络游戏中、在最琐碎的日常生活中徐徐展开。纽约大学的评论家邓肯·尹（Duncan Yoon）将这部小说称作一部"全球南方小说"（Global South Novel）。这一提法非常有趣，提示我们重新思考主流学界对非西方世界的文学作品的认识。就像刚果作家布冯笔下的金沙萨和重庆，非西方文学正在走出后殖民批评所树立的"逆写帝国"范式，在曾经的边缘地带内部，一部部新的"双城记"正在上演。[1]

---

[1] 原文发表于《三联学术通讯》，2021年8月，略有改动。

尾声

/ 张丽方 /

2017年9月初,当我正为寻找非洲高校的研究生项目焦头烂额时,程莹老师向我推荐了她的一位合作者——在南非罗德斯大学任教的茹丝·辛巴奥教授。在"非洲与南南艺术"项目官网上查看了简介之后,我给辛巴奥教授也就是我现在的导师写了一封近千字的长邮件。2018年2月,我独自来到马坎达这个完全陌生的小城,也许彼时的我也没有想到,从两年硕士毕业到决定继续在这里读博,"在非洲体验一段时间"会持续到五年后的今天。

我的博士课题关注的是在津巴布韦首都哈拉雷生活和工作的艺术家,观察他们对日常物件尤其是旧物的使用和他们与城市空间的多维度互动。这个课题在我读研时就确定了。2018年,我因为硕士课题采访两位津巴布韦艺术家时得知,津巴布韦有许多和他们同代或更年轻的艺术家都以旧物包括废弃物为创作材料。这一青年艺术运动始于21世纪初的经济危机,当画布、颜料或陶土等艺术材料成为稀缺物或无法负担时,艺术家们开始转向街头、垃圾场或家中的旧物。当时我就对这个现象产生了巨大的兴趣,隐隐觉得这些艺术材料能在与西方艺术史的辩证中重新定义"拾得物",甚至介入关于艺术本质的讨论。

2018年末,我第一次到哈拉雷调研,这个城市的能量将我从对艺术话语和理论的关注转向这群青年人的日常与艺术实践。2019年我在完成硕士论文的同时提交了博士研究计划,并在2020年学校关闭期间通过开题。 2021年疫情封锁降级后,我又多次回到哈拉雷调研。在这个过程中,我和申请项目时计划的那些研究对象成为朋友,追随着艺术家从马坎达到哈拉雷、卢萨卡,甚至跟着他们去了威尼斯双年展。我从他们口中的"太安静"(too quiet)变成了"一个疯姑娘"(a crazy Chinese girl)和一个"当地人"(you are a native now)。今年3月份,我在自己的住处

尾声

举办了一次小沙龙,和生活在马坎达小镇上的一群青年朋友听音乐喝酒畅谈。在我分享了一些哈拉雷的调研经历之后,一位朋友突然问我:"这些对你有什么作用?不是对研究,是对你本人"(What does this do to you? Not research, but you)。

是啊,理解这群遥远的、与我本没有任何交集的艺术家与青年人,除了学习的必要之外,对于作为个体的"我",甚至对于来自地球另一端的"我们",又有什么样的意义呢?

2021年3月份,因疫情几经更改行程之后,我回到哈拉雷为论文进行田野调研。出发前我不了解艺术家们在疫情期间的工作生活状态,也担心他们会因为"新冠"而对我的访问有所顾虑。到达的当晚,我给一位比较熟悉的艺术家朋友发了条信息,没想到半个小时后,他特地路过我在市中心的民宿向我表示欢迎。我的不安也一扫而空。第二天,我在交通嘈杂的喧闹中醒来,艺术家莫法特·塔卡迪瓦带我来到他们位于姆巴雷贫民窟的艺术空间。这个艺术中心原本是殖民时期建设的啤酒园,2018年我第一次到这时,园内的许多建筑都废弃了,破旧的桌椅上布满灰尘,

非洲折叠

唯一明亮的是挨着砖墙那盏刚装上的路灯。我还记得在夜色中，莫法特兴奋地向我讲述着他对这个空间的想象。

如今这里已经是另一幅景象。疫情期间，莫法特和几位青年艺术家搬到此处，用帐篷布作为门窗与遮蔽，将几座废弃的亭状建筑转化为独立工作室，由一位主要艺术家与更年轻的艺术家共享。由于封锁与宵禁的规定，许多公共艺术空间都关闭了，这群青年人干脆两点一线，大部分时间都待在姆巴雷。每个工作室几乎从早到晚都有人在忙着完成作品、探索新的创作形式或处理艺术材料。姆巴雷的律动连通着这个城市的节奏，音乐声、敲击声、电钻声或交谈声应和着不远处市场的喧嚣，不断改变着这个半废弃的殖民建筑和周边的社区面貌。

几日后，我到哈拉雷两小时车程外的镇上看望一位青年艺术家朋友塔库爪·古扎（Takudzwa Guzha）。由于封锁期间无法出行，他开始和一位热爱音乐的青年在住处附近一砖一瓦搭建了一个共享工作室和社区舞台；另一位以特定场域装置（site-specific installation）为主要创作形式的女性艺

尾声

家扎妮勒·穆特玛（Zanele Mutema），疫情期间在照料家庭生活的同时，把室内空间变成了工作场所。她以扫帚、女性衣物等材料创作艺术作品，反思日常的规范，探讨记忆与质料的关系。

疫情让全球的艺术活动都受到了很大冲击，然而哈拉雷这群青年人却将危机转化成了许多种可能性，尽管这个过程极其艰辛。但细想，这并不让人惊讶，我研究的旧物作为材料的青年艺术运动，不就是在津巴布韦的社会经济危机中开始的吗？这个国家的现代史又何尝不是接连不断的危机呢？对于这些青年人而言，危机已经成为他们的生命经验。而艺术则不仅是一种表达，也是以创造力应对现实的一种生存方式。

在哈拉雷调研期间，没有访谈的时候我都会到姆巴雷的工作室待着，和他们一起闲聊吃饭，偶尔也搭把手或者跟着某位艺术家去收集材料。有时则在他们的忙碌声中阅读写作。这群青年人也不再仅仅是研究对象，而是我通过对话建立起某种联结的个体。当看到他们以极其有限的材料、资源或条件进行艺术创作，并坚持以一种开放共享的工作室文化参与社区建设时;当看到他们通过艺术不断反思历史与当下危机,同时投入地享受生活与创作的乐趣时,我都感到无比动容。他们最常说的一句话就是——"总会有办法的"。这句十分寻常但掷地有声的话,成为我之后作出许多新尝试的动力。

在并不知如何结尾的尾声里,我之所以最终写下这群青年人的故事,是因为在他们的日常与艺术实践中,我看到了自己最喜欢的词语之一——"可能性",这不仅是关于创作,更关乎艺术与社会,以及人与人之间的关系。在理解他们如何将这个抽象的词不断落地并改写现实的过程中,我也激活了自身认知及行动的不同可能性。因为理解他者的过程,同时也是一个敞开自我、重塑自身的过程。

尽管这本书中收录的文章大多与我研究中关注的这些哈拉雷艺术家没有直接关系,但这些文字是我理解"他们"的一种延伸。身处非洲大陆亲身经历这场世纪大流行,已经成为我生命经验中重要的一部分。正是因为这些来自另一片大陆的青年人,这长达两年的、物理意义上的封闭于我而言,竟成为一种精神上的打开,以及重新建立与他人联结的契机。作为共同

尾声

经历了这次全球危机并将携手走进未来的一代人,这种建立在相互理解基础上、跨越了物理边界的"附近"的构建,也许可以带我们走向更多的可能。

图书在版编目（CIP）数据

非洲折叠：日常生活的文化政治 / 程莹，张丽方著 . —北京：北京大学出版社，2023.7

ISBN 978-7-301-34087-5

Ⅰ.①非… Ⅱ.①程… ②张… Ⅲ.①政治体制 – 研究 – 非洲 Ⅳ.①D74

中国国家版本馆 CIP 数据核字（2023）第 105412 号

书　　　名	非洲折叠：日常生活的文化政治 FEIZHOU ZHEDIE: RICHANG SHENGHUO DE WENHUA ZHENGZHI
著作责任者	程　莹　张丽方　著
责任编辑	赵　聪　王立刚
标准书号	ISBN 978-7-301-34087-5
出版发行	北京大学出版社
地　　　址	北京市海淀区成府路 205 号　100871
网　　　址	http://www.pup.cn　　新浪微博：@北京大学出版社
电子邮箱	zpup@pup.cn
电　　　话	邮购部 010-62752015　发行部 010-62750672 编辑部 010-62753154
印　刷　者	北京九天鸿程印刷有限责任公司
经　销　者	新华书店
	880 毫米×1230 毫米　32 开本　9 印张　166 千字 2023 年 7 月第 1 版　2023 年 7 月第 1 次印刷
定　　　价	79.00 元

未经许可，不得以任何方式复制或抄袭本书之部分或全部内容。
版权所有，侵权必究
举报电话：010-62752024　电子信箱：fd@pup.pku.edu.cn
图书如有印装质量问题，请与出版部联系，电话：010-62756370